U0644882

星云大师
演讲集

05

星云大师 著

禅学与净土

生活·讀書·新知 三联书店

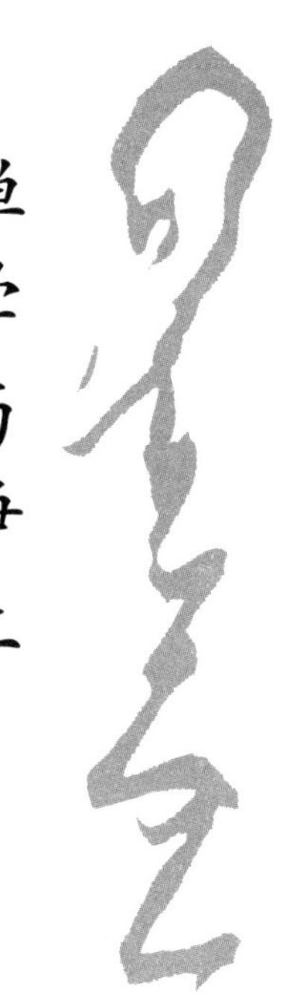

图书在版编目(CIP)数据

禅学与净土/星云大师著. —北京:生活·读书·新知三联书店,
2015.4

(星云大师演讲集)

ISBN 978 - 7 - 108 - 05244 - 5

Ⅰ.①禅…　Ⅱ.①星…　Ⅲ.①禅宗—通俗读物　Ⅳ.①B946.5 - 49

中国版本图书馆 CIP 数据核字(2015)第 016557 号

责任编辑　麻俊生

封面设计　储　平

责任印制　卢　岳　张雅丽

出版发行　生活·讀書·新知 三联书店

　　　　　(北京市东城区美术馆东街 22 号)

邮　　编　100010

印　　刷　三河市嘉科万达彩色印刷有限公司

版　　次　2015 年 4 月北京第 1 版

　　　　　2015 年 4 月北京第 1 次印刷

开　　本　880 毫米×1230 毫米　1/32　印张　6.375

字　　数　137 千字

印　　数　0,001—8,000 册

定　　价　28.00 元

总序　人间佛教正法久住

我们生活在人间，人间有男女老少，人间有五欲六尘，人间有生老病死，人间有悲欢离合。在缺憾的世间，我们如何获得欢喜自在？如何发挥生命的价值？如何拥有安乐的生活？这是我们所要探讨的课题。

佛陀降诞人间，示教利喜，为人间开启了光明与希望；佛陀依五乘佛法，建立了"五戒十善""中道缘起""因缘果报""四无量心""六度四摄"等人间佛教的基本思想。

为了适应时代的发展，我们创办文化、教育、慈善等事业，提出"传统与现代融和""僧众与信众共有""修持与慧解并重""佛教与艺文合一"等弘法方向。多年来，以"佛法为体、世学为用"作为宗旨，人间佛教渐渐蔚然有成，欣见大家高举人间佛教的旗帜，纷纷走出山林，投入社会公益活动，实践佛教慈悲利他的本怀。

2004 年，我曾在香港和台北作例行的年度"佛学讲座"，三天的讲题分别为"佛教的生命学""佛教的生死学""佛教的生活学"。我言：生命为"体"，作为本体的生命，是不增不减、永恒存在、绝对、无限、正常的；生死为"相"，每个生命所显露的现象，是有生有灭、变化无常、相对、有限、非常的；生活是"用"，生命从生到死，其中的食衣住行、言行举止、身心活动等等，无一不是生命的作用。因此，体、相、用，三者密不可分。我们既来到世间生活，就有生命，有生命就有生死，三者是一体的，其关系极为密切。因此，整个人间佛教可以说就是"生命学""生死学""生活学"。

之后，我在世界各地演讲《人间佛教的戒、定、慧三学》。所谓戒定慧，有谓由戒生定，由定发慧，由慧趣入解脱，是学佛的次第；在人间生活，更需要断除烦恼才能获得究竟的妙智，才能自在悠游于人间！

1949 年，我从中国大陆来到台湾之后，为了适应广大民众的需求，毅然采取面对面的讲说弘法。从宜兰乡村的弘法，到城市各处的聚会；从监狱的开示，到工厂的布教。1975 年，在台北艺术馆举行佛学讲座，首开在"国家会堂"演讲佛学之风。接下来，我弘法的脚步，由北至南，由西至东，从学校到部队，从岛内到岛外。近二十年来，随着弘法的国际化，我更是终年在世界各地云水行脚，奔波结缘。

演讲的对象，有一般男女老少的信众，也有大专青年、企业界精英、教师、警察等特定对象。讲说的内容更是包罗万象，经典方面有《六祖坛经》《金刚经》《维摩诘经》《法华经》等，也讲说佛教的义理、特质与现代生活的种种关系，以及佛教对社会、政治、伦理、经济、心理、民俗、命运、神通、知见、因缘、轮回、死亡、涅槃等各种问题的看法。

三十年前，佛光山的弟子们将我历年来演讲的内容，陆续结集成书，并定名为《星云大师演讲集》丛书，二十多年来不知再版了多少次！许多读者将此套书视为认识佛教、研究佛学必读之书，也有不少出家、在家弟子，以此演讲集作为讲经说法的教材。

这套演讲集已缺书好一段时间，不时有人频频询问、催促再版。我重新翻阅，觉得此套演讲集讲说时隔近三十年，抚今追昔，虽然佛法真理不变，人心善美依然；环境变迁有之，人事递嬗有之。因此，决定将此书全新改版，去除与现今社会略微差异之处，重新校正、修订、增删，并依内容性质，分类为《佛光与教团》《佛教与生活》《佛法与义理》《人生与社会》《禅学与净土》《宗教与体验》《人间与实践》《佛教与青年》等册，总字数百余万字。为保存、珍重历史，同时又为方便后人参考、查询，我将演讲的时间、地点记于每篇文章之后。

我出家已超过一甲子，毕生竭力于人间佛教的弘扬与实践，主要是希望全世界各族群能相互尊重，人我能相互包容，社会彼此和谐进步。这套演讲集是为我初期弘法历程，以及一以贯之的人间佛教思想理念的鲜明见证。

出版在即，为文略说弘法因缘，并以心香一瓣祝祷人间佛教正法久住，所有众生皆能身心自在，共生吉祥。

星云　于佛光山法堂

目 录

谈禅

"禅"可以开拓我们的心灵，
启发我们的智慧，
引导我们进入更超脱的自由世界。

"禅"发源于东方，盛行于东方。但是现在，禅学不再只是东方的专利品，它在西方已引起普遍的重视。譬如美国很多大学里也设有禅堂，禅堂已不再为寺院所特有。甚至连航天员要登陆月球时，也要用禅的精神来训练。可见"禅"在现代世界里，占有相当的分量。

现在的社会到处烦乱，物质生活奢侈浮华；但是，有不少人却感到生活空虚，精神焦虑，苦痛倍增。所以，这个能解决生命问题，提高生命境界的禅学，在世界各地，引起知识分子和社会人士的重视。

"禅"可以开拓我们的心灵，启发我们的智慧，引导我们进入更超脱的自由世界。"禅"合乎真善美的条件，不过，禅不好讲、不能谈，也不易懂。禅是言语道断、不立文字的；是心行处灭，与思维言说的层次不同的。但是，"妙高顶上，不可言传；第二峰头，略容话会"，为了介绍禅的境界，虽然不容易谈，仍然要借语言来说明。

一、禅的历史

"禅"是梵语"禅那"的简称，汉译为"静虑"。禅，充实宇宙，古今一如；禅，一如科学家牛顿发现地心引力，富兰克林发现电力，发现禅的是佛陀。

相传佛陀在灵山会上，拈花示众，默然不语。当时，百万人天不知其意，唯有大迦叶尊者会心微笑。佛陀当时就说："吾有正法眼藏，涅槃妙心，实相无相，微妙法门，付嘱摩诃迦叶。"佛陀于是将法门付嘱大迦叶，禅宗就这样不须文字，不必语言，用以心印心的方法，传承下来。印度禅师代代相传，至第二十八祖菩提达摩于南朝梁武帝在位时来到中国。

梁武帝笃信佛法，曾经四次舍身同泰寺，布施天下僧众，造桥建庙，依常人眼光看，真是功德无量。但是达摩祖师却说他了无功德，因为从深一层面来说，梁武帝所得的只是人天果报，应属福德，并非功德。达摩祖师不得梁武帝的欣赏，因此转往嵩山五乳峰少林寺后的山洞中面壁九年。从这一段记载中，我们可以体会到禅的高妙，确实不能以一般的见解去论断的。像梁武帝的这种用心，只求为善得福，并不是禅宗的究竟目标，即使有所得，也是人天福报而已，在禅师的眼里，与开悟的道无关。

祖籍河南的二祖慧可，少年时就精通世学、博览群书，壮年在龙门香山出家，后入嵩山少林寺拜谒达摩，并请达摩祖师收他为入室弟子，却不得达摩应许。神光慧可于是不畏刺骨寒风、漫天飞雪，苦苦地在门外等候。过了很久，雪深及腰，慧可依然伫立不动，达摩见他确实真诚，便问他："你不远千里到这里来的目的，究竟为了什么事？"

神光慧可答道："弟子的心不安，乞请您帮弟子安心。"

达摩喝道："将你的心拿来，我为你安。"

神光慧可愕然地说："弟子找不到心。"

这时，达摩说道："我已经为你安心了。"

神光慧可豁然大悟：啊！烦恼本空，罪业无体，识心寂灭，无妄想动念处，即是正觉，即是佛道。如果心领神会，佛性在当下便得开显。

二祖之后，禅法传僧璨、道信，至五祖弘忍。弘忍大师座下大弟子神秀博通三藏，教化四方，俨然已有五祖传人之态，受到众人拥护。这时却从南蛮之地，来了一个根性甚利的卢惠能，他虽目不识丁，但求法热忱，不落人后。

惠能初见五祖时，五祖曾试探他说："南方人没有佛性。"

惠能答道："人有南北的不同，佛性岂有南北之别？"

五祖经他一反驳，知道这人是顿根种性，非同凡人。为了考验惠能的心志、暂避众人耳目，就命他到柴房春米。

后来，五祖令众弟子各举一偈，作为修证、见性与否的依据，若是见性，即得传法的衣钵。大众自认不如神秀，衣钵非神秀莫属，所以没有人敢与之竞争。

当时，神秀日夜思量，终于提出一偈：

身是菩提树，心如明镜台；

时时勤拂拭，勿使惹尘埃。

惠能在柴房里得悉此事，心想：我也来呈一偈如何？遂央人替他把偈语题在墙上：

> 菩提本无树，明镜亦非台；
>
> 本来无一物，何处惹尘埃。

五祖见了，知道惠能已经见性。为恐其招忌，乃着人将偈拭去，然后到柴房敲门，问道："米熟了没有？"

惠能答曰："早就熟了，就等着过筛了。"

五祖又在门上敲了三下，惠能会意，乃在半夜三更，到五祖座下，五祖传授他《金刚经》，至"应无所住而生其心"时，惠能顿然大悟。五祖将衣钵传他，并命他速速南行，等待时机。师徒两人来到河边，五祖欲亲自操桨送惠能过河。

惠能说："迷时师度，悟时自度。"便自行渡河到南方弘化，终成为震烁古今的六祖。而后，禅宗一花五叶蓬勃地流布人间，成为中国佛教的主流。

从这些历史记载，可知禅的风格确是相当独特的，所谓教外别传，不立文字，实是得其真机。但是由于禅门宗旨，并非人人能解，所以也常受人曲解。然而禅的机锋教化，都是明心见性之方，全是依人的本性而予以揭露。它的原则是建立在"众生皆有佛性，人人皆可成佛"的道理上。所以进一步言"放下屠刀、立地成佛"，但又有多少人能把握这一层的意义？梁武帝的希求人天福报，不就是典型的一例吗？至于怎样才能直探禅门本源？这就要靠众生求法的宏愿和实践了。

二、禅的内容

那么，禅是什么呢？据青原行思禅师说：禅就是我们的"心"。

这个心不是分别意识的心，而是指我们心灵深处的"真心"，这颗真心超越一切有形的存在，却又呈现于宇宙万有之中。即使是看似平淡的日常生活，也到处充满了禅机。

唐朝的百丈禅师最提倡生活化的禅，他说挑柴担水、衣食住行，无一不是禅，所谓翠竹黄花，一切的生活都是禅。可见禅不是什么神秘的东西，禅是离不开生活的。

古今禅门公案皆是禅师考验或印证弟子悟道的对答，其实这种对答，就是一般人所谓的"考试"。不同的是，它是随各人的根性、时间、地点而变化，它没有明确的划一标准答案，也不是从思考理解得来的。所以，如果不是禅门的师徒，有时候很难明白其中的道理所在，而且，如果用常人的想法来推敲，往往会发觉"公案"之违背常理。

禅是离语言对待的，是不可说的，一说即不中。虽然，究竟的真理固然不可说，但是对一般人如果不说，岂不是永远无门可入吗？所以，禅宗的语录特别多，就是这个缘故。现就禅的内容特色列举几点，作为入门的契机。

（一）禅与自我

在佛教的其他宗派中，有些是依他力的辅助始得成佛，而禅宗则是完全靠自我的力量。如净土法门持诵佛号，密宗持诵真言，都是祈请诸佛加被，配合自力而后得度。在禅门里有一警语"念佛一句，漱口三天"，禅师们认为成佛见性是自家的事，靠别人帮忙是不可能得道的，唯有自己负责，自我努力才是最好的方法。心外求法，了不可得，本性风光，人人具足，反求内心，自能当下证得。

有人问赵州禅师："怎样参禅才能悟道？"

赵州禅师听后，站起来说道："我要去厕所小便。"

赵州禅师走了两步，停下来又说道："你看，这么一点小事，也得我自己去！"

从前有父子两人，同是小偷，有一天，父亲带着儿子，同往一个地方作案，到那个地方时，父亲故意把儿子关在人家衣橱内，随后就大喊捉贼，自个儿却逃走了。儿子在情急之下，乃伪装老鼠叫声，才骗走了那家的主人，终于逃了出来。

当他见着父亲的时候，一直不停地抱怨。

父亲告诉他说："这种功夫是在训练你的机智，看你应变的能力、偷的功夫，而这种应变的智力是要你自己掌握的，别人是没有办法帮得上忙的。"

这一则故事，虽然不一定是实有其事，但正可以比喻禅门的教学态度。禅师们常常将弟子逼到思想或意识领域的死角，然后要他们各觅生路。在这种情形之下，如果能够冲破这一关，则呈现眼前的是一片海阔天空，成佛见性就在此一举。"丈夫自有冲天志，不向如来行处行"，这种披荆斩棘的创发宏愿，在禅门中可说是教学的基本宗旨。不要被别人牵着鼻子走，在修持上独立承担，自我追寻，自我完成，这是禅的最大特色。

（二）禅与知识

禅不讲知识，因此，不受知识的障碍，并且视知识为最大的敌人。知识教人起分别心，在知识领域里，人们会因此迷失了自我，甚至为邪知邪见所掌握，形成危害众生的工具。所以，禅首先要求追寻自我，其过程和手段，往往不顺人情，不合知识，违反常理。

在禅师的心目中，花不一定是红的，柳不一定是绿的，他们从否定的层次去认识更深的境界；他们不用口舌之争，超越语言，因而有更丰富的人生境界。傅大士善慧说："空手把锄头，步行骑水牛；人从桥上过，桥流水不流。"这是不合情理的描述语句，完全是与迷妄的分别意识挑战，以破除一般人对知识的执着。扫除迷妄分别的世界，使人进入一个更真、更美、更善的心灵境界。禅语是不合逻辑的，但他有更高的境界；禅语是不合情理的，但它有更深的含义。

六祖曾说："我有一物，无头、无尾、无名、无字，此是何物？"

神会接口答道："此是诸佛之本源，众生之佛性。"

六祖不以为然，明明告诉你无名无字，什么都不是了，偏偏你又要指一个名相（佛性）出来，这岂不是多余？禅的教学是绝对否定一般分别意识，不容许意识分别掺杂其中。

佛门中，被人赞美为知识广博的智闲禅师在参访药山禅师时，药山禅师问他："什么是父母未生前的本来面目？"

智闲禅师愕然不能回答，于是尽焚藏经，到南阳耕种。有一天，当他在耕地时，锄头碰到石头，铿然一声，而告顿悟。"一击忘所知，更不假修持"，这就是药山禅师不用知识来教授智闲禅师的原因。他要让智闲禅师放下一切知识文字的迷障，来返求自心。这种超然的教学，可以说是禅宗特有的。这在一般知识界里，简直是一件不可想象的事，此即禅的另一项特色。

（三）禅与生活

人整天忙碌，为的是生活，为的是图己此身的温饱，可是这个

“身”是什么？

禅师说:“拖着死尸的是谁?”

这种问题,一般人是不容易体认得到的,人们辛苦地奔波,饱暖之外,又要求种种物欲。物质可以丰富生活,却也常会枯萎心灵;口腹之欲满足了,却往往闭锁了本具的智慧。人们的日常生活,在一种不自觉的意识下被向前推动着。善恶是非的标准,都是社会共同的决定,没有个人心智的真正自由;所以这一时代的人们,虽然拥有了前人所梦想不到的物质生活,却也失去了最宝贵的心灵自我,这是现代人类的悲剧。事实上,人们已逐渐地觉察到这一危机,曾设想了许多补救的办法,社会哲学家提出了改良的方案,虽有部分改善,但对整个泛滥的洪流,似乎仍无法完全解决。

禅,这个神妙的东西,一旦在生活中发挥功用,则活泼自然,不受欲念牵累,到处充满着生命力,正可以扭转现代人类生活的萎靡。

禅并不是放弃生活上的情趣,确切地说,它超越了这些五欲六尘,而企图获得更实在的和谐与寂静。一样的穿衣,一样的吃饭,有了禅,便能“任性逍遥,随缘放旷,但尽凡心,别无圣解”。有僧问道于赵州禅师,赵州回答他说:“吃茶去!”吃饭、洗钵、洒扫,无非是道,若能会得,当下即得解脱,何须另外用功? 迷者口念,智者心行,向上一路,是圣凡相通的。禅,不是供我们谈论研究的,禅,是改善我们生活的,有了禅,就坐拥三千大千世界的富有生活!

(四) 禅与自然

禅,是自然而然,与大自然同在,禅并无隐藏任何东西。什么是道？"云在青天水在瓶"、"青青翠竹，无非般若；郁郁黄花，皆是妙谛"。用慧眼来看，大地万物皆是禅机，未悟道前看山是山，看水是水；悟道后，看山还是山，看水还是水。但是前后山水的内容不同了，悟道后的山水景物与我同在，和我一体，任我取用，物我合一，相入无碍，这种禅心是何等的超然。

"偶来松树下，高枕石头眠；山中无日月，寒尽不知年"、"溪声尽是广长舌，山色无非清净身"，随地觅取，都是禅；一般人误以为禅机奥秘，深不可测、高不可攀，这是门外看禅的感觉，其实，禅本来就是自家风光，不假外求，自然中到处充斥，俯拾即是。

今天的人类，与自然站在对立的地位，人类破坏自然界的均衡，把自然生机摧残殆尽，日常生活的一切，靠人为的机械操纵，而渐渐走向僵化、机械化。这样生活下去，怎能感到和谐，怎能不产生空虚，而感到烦忧痛苦呢？"禅"就如山中的清泉，可以洗涤心灵的尘埃；禅，如天上的白云，任运逍遥，不滞不碍。

（五）禅与幽默

悟道的禅师，不是如我们想象中一般的枯木死灰，真正的禅师，生活风趣，更具幽默感。在他们的心目中，大地充满了生机，众生具备了佛性，一切是那么活泼，那么自然，因此，纵横上下，随机应化，像春风甘霖一般地滋润世间；有时具威严，有时很幽默，这正是禅门教化的特色。

温州玄机比丘尼，参访雪峰禅师。雪峰禅师问她："从何处来？"

"从大日山来。"

“日出了吗？”

“如果日出，早就溶却了雪峰。”（意思是说，如果我已悟道，那么盛名必定远远超过“雪峰”，哪需向你请教？）

雪峰禅师又问：“叫什么名字？”

“玄机！”

“每日织布多少？”

“寸丝不挂。”

雪峰禅师心想，你真有这个本事吗？于是当玄机比丘尼身走出门时，雪峰禅师随口说道：“你的袈裟拖地了！”

玄机比丘尼一听，猛然回头，雪峰禅师大笑说：“好一个寸丝不挂！”

唐朝代宗时，权震当朝的宦官鱼朝恩，一日，问药山禅师：“《普门品》中说‘黑风吹其船舫，漂堕罗刹鬼国’，请问什么是黑风？”

禅师并未正面回答，只是不客气地直呼：“鱼朝恩！你这呆子，问这个问题要做什么？”鱼朝恩听了勃然变色，正要大怒，药山禅师笑道：“这就是黑风吹其船舫了。”

另外，灵训禅师参访归宗禅师，问道：“如何是佛？”

归宗禅师说：“不可告诉你，因为你不会相信。你如果相信我说的话，过来我这儿，我告诉你……”

然后他细声贴耳地告诉灵训禅师：“你就是佛。”

从这些公案，可以看出禅师弘化教导的手段是何等的幽默！

学禅，要有悟性，要有灵巧，明白一点说，就是要有幽默感。古来的禅师，没有一个不是幽默大师，在幽默里，禅多么活泼！禅多么睿智！

三、禅的运用

现代人常常把心灵和外界对立起来，生活因而变成一种负担与累赘，因此不能从生活上去掌握那充满趣味的禅机。但是禅师们非常幽默风趣，他们在简单的几句话中，就能把我们的烦忧净化，引导我们走入纯正喜乐的世界，仿佛一部大机器，只须用手轻轻一按，开关就可以发动，并不需要繁杂的知识程序，也不用重叠的思考架构，禅就是活泼、充满生机的生活境界。

禅对我们有什么用处呢？禅运用到生活上，不但可以提高生活的艺术，扩展胸襟，充实生命，并且可以使人格升华，道德完成，到达"于生死岸头得大自在"的境界。禅既是对人生有至深且巨的关系，但是禅师们所开出的究竟是什么妙方呢？透过语言文字又如何去了解禅的妙趣呢？

（一）有与无

在我们的观念中，对一切的存在总以为都可以用名词来分别，并且轻易地就落入二元对待的关系中。事实上，心灵的内容，往往无法断然地加以绝对二分。譬如"有""无"两者，一般人的理念就是截然相对立的两种意义，若有即非无，若无即非有，"有""无"不能并存。可是在思想心灵的状态中，亦有亦无，非有非无，仍然是一种存在。

而禅师的言行，是超越了平常概念的有、无，是包融了相对的有、无，是完成了另一"有""无"的世界，我们若用一般知见去把握它，仿佛雾里看花，无法了解它的真实意义。禅家的意境如果仅止于"有"这一层，终非上乘，经过了无心、无为，"无"的境界，才能与"空"的第一义相契合，才是究竟之道，这就是禅与一般见解不同的地方。也唯有超越了"有"和"无"才能到达最高的禅心，才能真正获得禅的妙谛。

有一次，慧嵬禅师在山洞内坐禅，来了一名无头鬼想要吓走禅师，慧嵬禅师见状，面不改色地对无头鬼说："你没有头，不会头疼，真是舒服啊！"无头鬼听后，顿时消失无踪。有时，无体鬼、无口鬼、无眼鬼……出现，慧嵬禅师总是慈悲地称羡他们，不会为五脏六腑的疾病所苦；没有口，就不会恶口造业；没有眼，可免得乱看心烦……

禅师们的见解与常人迥然不同，他们能将残缺视为福，能够转迷为悟。

再举一件公案——有一天，有人问赵州禅师："何谓赵州？"

禅师回答说："东门、南门、西门、北门。"

禅师的回答乍看之下，似乎是风马牛不相及，答非所问，事实上，这四门的回答是双关语，说明了赵州的禅是四通八达，任运无碍，并不局限于一门，禅的境界是不受空间所限制的。

《从容录》记载，有一位出家人问赵州禅师："狗有没有佛性？"

赵州说："有。"

另外一个人再问："狗有无佛性？"

赵州却说："无。"

赵州禅师对同一个问题，有着两种截然不同的回答，如果从世俗的概念、立场来衡量，岂不是前后矛盾而不通？其实禅师这种回答是一种活泼的教育方式。他说有，是指狗有成佛的可能性；他说无，是因为狗有业识，尚未成佛。对一个问题的回答，要看问者的来意、境界，而给予不同的点拨与启迪。

梁武帝是中国历史上护持佛教的君王中的楷模。他在位的时候，曾经广建寺庙及佛像，修造桥梁道路，福利百姓。当时，菩提达摩祖师从天竺到中国弘法，梁武帝礼请大师，并且问道："我所做的这些佛教事业有无功德？"

达摩祖师说："并无功德。"

梁武帝被泼了一盆冷水，心想我如此辛劳，怎么会毫无功德？所以，他对达摩祖师的回答，并不满意，也因不相应而无法契入。

在禅的立场看，达摩祖师所说，正是直心之言。事实上，梁武帝的善行，岂是毫无功德？禅师所说的并无功德，是说明在禅师的内心，并不存在一般经验界"有"、"无"对立的观念，我们唯有通过对"有"、"无"对立的妄执，才能透视诸法"是无是有，非无非有，是可有是可无，是本有是本无"的实相。这种超越向上，是禅必经的途径；这种境界，也才是禅的本来面目。平常我们对现象界的认识，总是止于一般感官分别的看法，譬如我们仰观一座山峦，俯瞰一条溪水，觉得它就是高高的山，潺潺的水，这时候"看山是山，看水是水"，是流于"心随境转"的纷逐。等到修禅有得，心境清清朗朗，一切假有，在心境上无所遁形，这个时候，"见山不是山，见水不是水"，观照到诸法虚妄不毕竟空。进而完全开悟之后，这"是"与"不是"、"心"与"物"等一切的对立，在禅师的心中，已经合而为一。

因此，真俗可以兼蓄，理事可以圆融，这时"看山还是山，看水还是水"。禅心与物境融摄无碍，大千世界充满无限美好的风光，涓涓的溪水是诸佛说法的妙音，青青的山岗是诸佛清净的法身。

泯除了经验界"有"、"无"的对立之后，禅的世界是多么的辽阔啊！

（二）动与静

佛教最根本的教义是三法印："诸行无常"、"诸法无我"、"涅槃寂静"。学佛最终的目的，就是要到达"寂静"的涅槃境地。

这个"涅槃寂静"有别于一般的动静。平常我们说这件东西是动的，那件东西是静的，那是因为我们的意识起一种活动，对万法起一种追逐，于是才使现象纷扰现前，才使万事错综显现。事实上，事物本身并没有动静的差别，我们说它是"动的"、"静的"，那是我们起心动念所起的一种妄执，如果我们能够除去自我的执着，此心寂静，不再造作，则一切将显得极其和谐。下面的公案可以说明这个道理：

六祖惠能大师得到衣钵之后，在广州隐居了十几年。后来因为机缘成熟，开始行化于世间。有一天，途经法性寺，看到两位出家人对着一面旗子，面红耳赤争论不休。六祖上前一听，才知道两人在争论旗幡飘动的原因。一位说："如果没有风，幡怎么会动呢？所以是风在动。"另一位则说："没有幡动，又怎么知道风在动呢？所以应该是幡在动。"

两人各执一词，互不相让。惠能大师听了，就对他们说："二位请别吵！其实不是风在动，也不是幡在动，而是两位仁者的心在动啊！"

从这则公案可以看出禅师们对外境的观点，完全是返求自心，而不是滞留在事物的表象上面，现象的存在是片面的，其所以有分别，是因为我们的起心动念。心静则万物莫不自得，心动则事象差别现前，因此要达到动静一如的境界，其关键就在吾人的心是否已经去除差别妄逐，证得寂静。

唐宪宗是个信佛很虔诚的君主，派人到凤翔迎请佛骨（舍利），韩愈上表谏言阻止，宪宗大怒，把他贬至潮州为刺史。

当时潮州地处南荒，文教不盛，想要参学问道非常困难，但是这里却隐居着一位学养、功行非常高妙的大颠禅师，深为当地人所敬仰。

韩愈以大唐儒者自居，哪里看得起大颠禅师。但是这里除了禅师之外，很难找到学士文人可以论道，韩愈于是抱着无奈、挑战的心情去拜访禅师。韩愈到的时候，大颠禅师正在闭目静坐，韩愈慑于禅师的威德，不自觉地，恭敬地站立在一旁等待，过了很久，禅师却仍然一无动静，韩愈心中渐感不耐。这时，站立在禅师身旁的弟子，开口对师父说："先以定动，后以智拔。"

这句话表面上像是对禅师说的，其实是在启示韩愈：禅师此刻的静坐是无言之教，也是在考验你的定力，然后再用言语智慧来拔除你的贡高我慢。

这时韩愈才恍然大悟，敬佩大颠禅师的学养，认为禅师的道行确实高妙。后来他和大颠禅师成为至交道友，而留下许多千古美谈。

由上述的公案，我们可以了解动与静在禅师的心境是合一的，实践在教化上则是圆融无碍的。禅师教化人有时不发一语，有时做狮子吼。禅师一言半语的提携，一棒一喝的进逼，一进一退的表扬，一问一答的发明，一颦一笑的美妙，一茶一饭的启导，甚至一扬眉一瞬目，一竖指一垂足，在一动一静之中，无不充满了禅机，无不焕发着禅味。在我们的常识经验里，"动"、"静"是截然不同的两种状况，但是透过禅定所证得的动与静，是合一的，是自如的。

（三）行与解

有人说：佛学是哲学。这是从知识的立场而说。不错，佛学的确有非常严密的哲学理论，但是佛学真正的特质却是"实践"，从修行上去体证真理。

如果只在纯粹理论上来建立佛学的体系，那么佛学将失去它的真精神，与哲学又有什么差别？佛学不仅具有哲学的内容，更有宗教上的体证，佛学高妙的教理，无非是为了契入真理，方便实践。若只是知识上的谈玄说妙，佛学认为是戏论，应该扬弃。所以佛学不可当作哲学来看待，把佛学当作哲学，永远把握不到佛学的精妙。佛学提倡解行并重，尤其是禅，更注重实践的功夫。

禅门中，修证是各人自己的事，修得一分，就真正体验一分。如果只是在理论上说食数宝，或只是一味地人云亦云，是不会有效果的。唯有透过实践，才不失去佛教的真实意义，才能把握到禅的风光。譬如牵引一匹饥渴的马，到水源处喝水，如果这匹马不张嘴，只有饥渴而死。同样地，三藏十二部经典只是指引我们通往真理的罗盘，我们"如是知"之后，就要"如是行"，才能喝到甘露法水。所以说："如人饮水，冷暖自知。"要了解什么是佛法，什么是禅，唯有亲自去参证，实际去修行，别人绝对无法如实地告诉你。

那么禅师如何去参证？如何去修行呢？唯有从生活中去参证，在大众中去修行。古德说：搬柴运水，无非是禅。在每一个人的生活里面，穿衣吃饭可以参禅，走路睡觉可以参禅，甚至于上厕所都可以参禅。

譬如《金刚经》描写佛陀穿衣、持钵、乞食的般若生活风光，一样是穿衣吃饭，但是有了禅悟，一个觉者的生活，其意义与境界，和凡夫就截然不同。所以说：佛法不离世间法。

平时我们总有一种错觉，以为修禅一定要到深山老林里才能证悟，实际上，修禅并不需要离开团体，离开大众，独自到深山古寺去苦参，禅与世间并不脱节，"参禅何须山水地，灭却心头火自凉"，只要把心头的瞋恨怒火熄灭，何处不是清凉的山水地呢？热闹场中也可以做道场。

事实上，如果我们对佛教的道理，有了透彻的了解，依此教理去实践，更能收到事半功倍的效果。譬如佛教的中心义理为"缘起"，天地间一切的存在，都是由因缘相依相辅而成，因缘和合则万法生成，因缘离散则万法消失。天地间没有一个创世主，任何事物都可以运用人为力量加以促成和防止。

由缘起的法则，让我们推论到众生平等，皆具佛性。人人都有成佛的可能，这种成佛的可能与过程，完全是一种自我磨炼与创造，由自我的行为来决定自己的未来；所以，能够把握到佛教的教理，则人生是奋发上进的。

由缘起的法则，让我们推论到宇宙是一个和谐的整体，一切差别的万事万象，是相即相入，互依互存的。人与人之间的关系也是相互的，这种理论应用在日常生活中，以自我为中心的利己主义是不正确的，你我的分别是不对的，动静、是非等对立是可以泯除的。如果我们能够透过知解，体证到这种无尽缘起的道理，那么互助互爱都来不及，哪里还会有你我的争执呢？

因此我们对于"解""行"不可偏废一方，好比做事，如果能够运用双手，事情可以进行得更顺利。我们应该从"解"中去认识万法的事相，从"行"中去印证万法的实相。

（四）净与秽

自然的事物本来没有净秽、美丑之分，这种分别是我们主观的好恶所引发出来的。《维摩诘经》说："随其心净，则国土净。"我们的心被五尘所染，迷惑于物象，不能见到万法的清净自性；而开悟的禅师，他们的心一片光明，毫无挂碍，所以静观万物莫不自得。在禅师的心中，善恶、美丑、是非、对错都消失了，他的心是佛心，佛心就是他的心，他们眼中的世界是清净的佛土，而凡夫眼中的世界是肮脏的粪土。譬如佛印禅师心中清净，所以他观苏东坡好比佛菩萨一般的庄严；而苏东坡心境迷糊，所以他看禅师好比一堆牛粪般的污秽。禅的境界是不能伪装的，也不是在口舌上逞强占便宜的。

我们常人通常喜欢清洁，讲究环境卫生，但是禅的世界，并不一定如此。所谓"净除其心如虚空，令其所向皆无碍"。禅师们的心扫荡了清净与垢秽的对待，无论清净也好，垢秽也好，一起超越，一起消除，并不是用一般常识来分别净秽。下面我举一件非常有趣的公案：

有一次，赵州禅师和弟子文偃禅师打赌，谁能够把自己比喻成最下贱的东西，谁就胜利。

赵州禅师说："我是一只驴子。"

文偃禅师接着说："我是驴子的屁股。"

赵州禅师又说："我是屁股中的粪。"

文偃禅师不落后说："我是粪里的蛆。"

赵州禅师无法再比喻下去，反问说："你在粪中做什么？"

文偃禅师回答说："我在避暑乘凉啊！"

我们认为最污秽的地方，禅师却能逍遥自在。因为他们的心洁净无比，纤尘不染，所以任何地方都是清净国土，住在任何地方都可以解脱。

有一天，一休禅师带领徒弟拜访同道。途中经过一条大河，水势汹涌。岸旁有一女子裹足不敢前进，一休禅师很慈悲地把这位女子背负过河。事后，禅师就忘记了这件事情，但是徒弟始终挂碍在心中。有一天，徒弟实在忍耐不住，于是向师父请示说："师父慈悲，弟子有一件事，几个月来无法释怀，请师父开示。"

一休禅师说："什么事呢？"

徒弟说："平时师父教诲我们要远离女色，但是几个月前，师父自己却亲自背负女子过河，这是什么道理呢？"

一休禅师一听，拍额惊叹说："啊！好可怜呀！我只不过把那女子从河的这一边背到对岸，而你却在心中背负了好几个月，你太辛苦啦！"

从这则公案，我们知道禅师的心境是磊落坦荡的，是提得起、放得下的。古人说："君子坦荡荡，小人长戚戚。"在禅师的心目中，没有净秽，没有男女的差别，甚至为了救拔众生的苦难，不计净秽，地狱中的粪汤尿池也要前往的；为了拯救众生的痴迷，不辞毁誉，如妓户般龌龊的地方，也要投入。因为在禅师们的心中，了解到心、佛、众生三无差别的平等道理，因此没有人我、净秽、男女的妄别，一切的清净、垢秽，都已经能够超然不染。

四、禅的实践

禅诗有云："达摩西来一字无，全凭心地用功夫；若要纸上谈人我，笔影蘸干洞庭湖。"禅是需要去实践的，而不是在嘴上谈论的，古代禅师的棒喝，是在教禅；禅者的扬眉瞬目，是在论禅；一日不作，一日不食，是在参禅；赵州八十行脚，是在修禅。这些典型，都留给后人很大启示，现分叙几点，让大家透过这些方法，真实去力行，与禅心相应。

（一）用疑探禅

世界上大部分宗教，重视的是信仰，而且不可以用怀疑的态度探究教义，但是修禅在入门时，首先需提起的便是疑情。尤其禅门，更是要有大疑，才能大悟，若是没有疑情，则无所用心，绝不会有开悟的时候。疑情不破，要如临深渊，如履薄冰。毫厘失念，一切结果就不是那么一回事。故先提起疑情，再破疑情，就能彻悟禅的真谛了，"如何是祖师西来大意？""什么是父母未生前的本来面目？""万法归一，一归何处？""念佛是谁？"……这些问题，并不是要学禅的人去找资料写论文，它只不过是要提起禅和子的疑情而已。

（二）用思参禅

疑情起了以后，要进一步用心去参，所谓迷者枯坐，智者用心。用心是随时随地，用全副精神去参，并不是在打坐时才用心参禅，这么追本溯源的怀疑下去，追问下去，一直到打破砂锅问到底，则豁然大悟。这种开悟的境界很难用语言文字加以描述，就如念佛法门不用思想，只要专心一念，念持佛号。而禅门所设的"公案"、"话头"，都是为了让参禅者提起疑情而设的，用疑来启悟，让修禅的人，努力去参究，等到机缘成熟，自然能发出悟道的火光！

（三）用问学禅

在参究话头中，最重要的就是要追问下去，好比擒贼穷追不放，自然能抓到头目，获得开悟。或者师徒之间的相互问答，也能够触发禅机，自己参禅时，也可一直追问下去。例如问念佛是谁？是心念吗？心又是谁呢？如果心是我，那念佛的口就不是我了？如果说口是我，则礼佛的身就不是我了？你说身也是我，则瞻望佛像的眼就不是我了？如果这样追问下去，眼也是我，口也是我，身也是我，心也是我，那究竟有几个我呢？……如此追"问"下去，必能入禅。

（四）用证悟禅

禅，虽然从"疑"、"思"、"问"入手，但是最后的一关，也是最重要的一关，仍然需要我们亲自去体证。禅，不是口上说，不是心里思，不是意中想，而是这一切的完全放下。那时候的境界是语言所无法表达的，好比我们饮水，自知冷暖。这"疑"、"思"、"问"所得到的禅意，好比初一微明的月牙，而实证所得到的禅意，好比十五皎洁无亏的月亮，通体光明。从这方面看，禅是"言语道断"、"心行处灭"的超越世界。

用疑心参禅，用体会参禅，用问道参禅，终不及用平常心参禅。我们在世间生活，其实均在矛盾妄想之中，所谓随生死之流而不息，如能明白洞水逆流，那即是平常显现，千疑万问，倒不如持有一颗平常心。

总之，流动的溪水，是禅的音声；青青的杨柳，是禅的颜色；莲花的心蕊，是禅的心。禅最直接的方式，就是从生活上去实践，衣食住行处寻个着落。可以说，一屈指，一拂袖，上座下座，无一不是禅。

1976 年 10 月讲于高雄师范学院

禅与文人

佛法丰富了文人的生命，开拓了文学的新面貌，
而文人学佛则助长了佛法的宣扬，两者相得益彰。

禅，虽然发源于印度，然而传到中国之后，和中国文化相互融合，因此开出了旷古的奇葩，获得文人学士的喜爱。在历代文人中，有许多位和佛教结下不解之缘，在此列举几位一般人比较熟悉的文人学士来作说明：

一、鸟窠禅师与白居易

杭州西湖喜鹊寺鸟窠禅师，本名道林，谥号圆修。9 岁落发出家，21 岁到荆州果愿寺受具足戒，后来入陕西投韬光禅师门下。多年后，道林座下收了一位侍者叫会通，会通虽出家日久，始终不能开悟。有一天，他向鸟窠道林禅师辞行，请求离去。禅师问他要去哪里？

会通回答："往诸方学佛法去。"

道林禅师说："若是佛法，吾此间亦有一些。"于是拈起身上的

布毛吹了一吹，侍者会通就这样开悟了，因此世称会通为"布毛侍者"。

道不在远，道就在自家心地上用功夫。根据《五灯会元》记载：道林禅师后来独自到秦望山，在一棵枝叶茂盛，盘曲如盖的松树上栖止修行，好像小鸟在树上结巢一样，所以当时的人称他为鸟窠禅师。由于禅师道行深厚，时常有人来请教佛法。

有一天，大文豪白居易来到树下拜访禅师，他看到禅师端坐在摇摇欲坠的鹊巢边上，说道："禅师住在树上，太危险了！"

禅师回答："太守，你的处境才非常危险，我坐在树上倒一点也不危险。"

白居易听了不以为然地说："下官是当朝重要官员，有什么危险呢？"

禅师说："薪火相交，纵性不停，怎能说不危险呢？"

意思是说，官场浮沉，钩心斗角，危险就在眼前。白居易似乎有些领悟，转个话题又问道："如何是佛法大意？"

禅师回答："诸恶莫作，众善奉行，自净其意，是诸佛教。"

白居易听了很失望，他以为禅师会开示什么深奥的道理，便说："这是三岁孩儿也知道的道理。"

禅师道："三岁孩儿虽道得，八十老翁行不得。"

白居易听了禅师的话，完全改变他那自高自大的傲慢态度。有一次白居易又以偈语请教禅师：

> 特入空门问苦空，敢将禅事问禅翁；
>
> 为当梦是浮生事？为复浮生是梦中？

禅师也以偈回答：

来时无迹去无踪，去与来时事一同；

何须更问浮生事，只此浮生是梦中。

人生如幻如化，短暂如朝露，但是如果体悟到"无生"的道理，超越时间"去"、"来"的限制，生命就能在无尽的空间中不断地绵延扩展，不生亦不灭。白居易聆听禅师的开示之后，深感敬佩，于是皈依禅师，作礼而退。

我们从白居易与鸟窠禅师的对话中，了解禅机的洒脱生动，禅并不重视知识和口舌的争胜，而重在知行合一，甚至认为行比知更重要。禅师就是以这样的立场来参究佛法，所以说八十老翁虽然人生阅历丰富，如果不躬身去实践，即使熟读三藏十二部，仍然不能了解佛法的真谛。

白居易从佛法中找到安身立命的所在，成为佛教的信徒，遍访名山高僧，晚年更是尽遣姬妾，经年素食，并且舍自宅为香山寺，自号为香山居士，尤其醉心于念佛，时常行文表达他信佛有得的心境，譬如他的香山寺一诗："爱风岩上攀松盖，恋月潭边坐石棱；且共云泉结缘境，他日当做此山僧。"诗中充满悠闲、飘游的意境，这种白云水月共来往的生活，能让人不再为世俗繁华所羁累，自由自在地生活在禅的世界中。

二、明教禅师与欧阳修

宋朝杭州佛日契嵩禅师，7 岁出家，19 岁遍参善知识，得法于洞山禅师，为青原禅师门下第 10 世弟子。禅师道心坚定，精进修行，每天夜晚，头上必顶戴着观音圣像，口中诵念观音圣号满 10 万声，才肯入室就寝。多年以来，从无间断，因此宿慧大开，经书章句无不通解。曾著《原教论》10 万余言，反驳崇拜韩愈、主张废佛的文士之流。又撰写《辅教编》，深得仁宗赞叹，宠赐封号为"明教大师"。

当时理学兴盛，一代硕儒欧阳修以儒家的立场，著《本论》诽谤佛法，并且蔚为风气，获得多人响应。明教禅师于是针对时弊，倡导儒、释、道三教思想一贯，著《辅教编》加以辩正。欧阳修看到此书之后，完全改变以往错误的观念，说："我连佛教经典中只有 260 字的《心经》，都未明其义理，还谈什么佛法？"并且赞叹大师道："不意僧中有此龙象。"第二天一大早，欧阳修就整肃衣装去拜见明教禅师，请求开示，与禅师共语终日。

欧阳修在明教禅师处得到开示之后，从此对佛教有截然不同的体认，经常到名山宝刹去参访。有一次游庐山，礼拜祖印禅师，禅师引用百家之说来启迪欧阳修对佛法的认识，使欧阳修肃然起敬，大有省悟，对过去自己的狂妄谢罪道："余旧著《本论》，孜孜以毁佛法为务，诚不知天地之广大，不知佛法之奥妙，更不知佛之为圣者，今胸中已释然矣！"于是信仰佛教，自称为六一居士，时常行文劝善，与佛门高僧来往甚欢，成为当时文坛的佳话。

又有一次，欧阳修到嵩山去游玩，看到一位老和尚独自在阅读经典，不喜欢与人交谈，他心中很好奇，上前请教："禅师住在此山多久了？"

老僧回答："非常久了。"

"平日都诵读什么经典？"

"《法华经》。"

"古代高僧，临命终时，能够预知时至，谈笑自若，生死自如，这是什么原因？"欧阳修紧握良机问道。

"这是定慧的力量。"

"现代的人寂寥无几，又是什么原因呢？"

"古德念念皆在定慧，临终哪会散乱？今人念念皆在散乱，临终哪会有定慧？"

欧阳修听了这话以后，恍然有悟，于是走近禅师座前，再三顶礼，感谢他的开示，解去了胸中的疑团。唐宋八大家之一的宿儒欧阳修能以当朝参知政事之尊，以学贯翰林之誉，笃信佛教，那是因为佛教使他了解生命的含义，解除他对人生的迷惑，让他在佛法里找到自己的安止处。

三、大颠禅师与韩愈

历代排佛最坚决的韩愈与佛教也有一段因缘——

唐朝是佛教最兴盛的时代，朝廷上下非常护持佛教。韩愈看到当时儒学衰微，为佛家所代替，于是以儒家道统自居，自比为孟子之拒杨墨，以尊儒排佛为己任。当时，唐宪宗非常崇信佛法，迎接佛舍利入宫殿供养。有一天，殿中夜放光明，早朝时群臣都向皇帝祝贺，只有韩愈不贺，还说："此光是神龙护卫之光也，非佛之光。"并呈《谏迎佛骨表》，斥佛为夷狄，因此触怒了对佛教虔诚信仰的皇帝，被贬到潮州当刺史，在此遇到大颠禅师，留下禅门一段美谈。

潮州地处南荒，文化未开，大颠禅师道行超迈，深为大众所推崇。韩愈耳闻此地有一高僧，有一天，抱着问难的心情去拜访大颠禅师。此时，正当禅师入定坐禅，不好上前问话，因此，苦等了很久，侍者看出韩愈的不耐烦，遂上前用引磬在禅师的耳边敲了三下，轻声对禅师说道："先以定动，后以智拔。"

侍者的意思是说，你的禅定已打动了韩愈傲慢的心，现在应该用智慧来拔除他的执着了。韩愈在旁边听了侍者的话后，立刻行礼告退，他说："幸于侍者口边得个消息。"

这一次韩愈不请开示了。

时隔不久，韩愈仍觉得心中疑团不解，又拜访大颠禅师，问道："请问和尚春秋多少？"

禅师手拈着念珠回答说："会么？"

韩愈不解其意说："不会！"

"昼夜一百八。"

韩愈仍然不能明了其中的含意，第二天再来请教。当他走到门口时，看到一位小沙弥，上前问道："和尚春秋有多少？"小沙弥闭口不答，却扣齿三下，韩愈如堕五里雾中，又进入谒见大颠禅师，请求开示，禅师也同样扣齿三下，韩愈方才若有所悟地说："原来佛法无两般，都是一样的。"

这则公案是什么意思呢？韩愈问春秋有多少，是立足于常识经验，对时间想作一番计算。事实上，时间轮转不停，无始无终，哪里可以谈多少？在无限的时间、空间中，生命不断地轮回，叩齿三下，表示在无尽的生命中，我们不应只逞口舌之能，除了语言、文字之外，我们应该实际去体证佛法，认识自己无限的生命，见到自己本来的面目，寻找三千大千世界中的永恒性。

一向对佛教桀骜不友善的韩愈，受到大颠禅师的教化，从此对佛教一改过去的态度，对佛教能够站在"同情"的立场，给予客观的评断，并且和大颠禅师相交甚好，其往来问答的公案很多，临别潮州时，曾经赠送禅师诗句说：

> 吏部文章日月光，平生忠义着南荒；
>
> 肯因一转山僧话，换却从来铁心肠。

宋代的黄鲁直也曾说："退之见大颠后，作文理胜，而排佛之辞为之沮。"佛法感人力量之深入，移情化性之真切，虽顽石也会点头，更何况是一代古文大家的韩昌黎！

四、药山禅师与李翱

药山禅师俗姓韩，唐澧州人，少年敏俊超群，素怀大志，曾说："大丈夫当有圣贤志，焉能屑细行于布巾邪？"遂舍弃世俗，投石头禅师门下，因住在药山而闻名遐迩。

当时，名学者李翱久慕禅师德行高远，恭敬地邀请禅师到家中供养，但是屡次邀请，禅师都不去应供，于是李翱亲自入山拜访禅师。刚好遇见禅师坐在山边树下看经。侍者看见大名鼎鼎的李翱来了，赶快上前说："师父，太守来了！"但是药山禅师听了，仍然纹丝不动，照常看经，并不理会李翱。

李翱慑于禅师的威仪，毕恭毕敬地站在一旁等待了好久，禅师一直毫无动静，最后实在不能忍耐了，就愤愤地说："见面不如闻名。"意思是说，我仰慕你药山禅师的名声，特地来拜访你，想不到也不过是拒人于千里之外、虚有其名的禅师罢了，说完话怏怏不乐地举步就要离开。这时，药山禅师却开口说话了："何必贵耳贱目？"意思是告诉李翱，为什么耳朵所听的就以为了不起，而自己眼睛所看的反而认为没有价值，兴起虚妄差别呢？

李翱毕竟是一位知书达礼的文人，听了禅师的话，马上拱手道歉，并虚心请教禅师："如何是道？"

药山禅师以手往上一指，又往下一指说："懂吗？"

"不懂！"

禅师再说："云在青天水在瓶。"

于是李翱欣然有得，回去后，做了一首诗偈：

> 练得身形似鹤形，千株松下两函经；
>
> 我来问道无余说，云在青天水在瓶。

赞叹药山禅师行解合一，心中坦荡荡，已见自性本源。

李翱闻法后，甚为欣喜，又问禅师："什么是戒定慧？"禅师却泼了他一盆冷水说："我这里没有这许多闲家具。"三学戒定慧本来是佛法的纲要，每个人都要奉行不违，但是禅宗的特色，是不立文字，直指人心，见性成佛，对于烦琐的名相是不重视的。禅师为了破除李翱的执着，否定三学的名相，要他直接从本性上去着手。

药山禅师接着又告诉李翱："高高山顶立，深深海底行。"意思是说一个人要有清高的修持，也要有随和入世度众的方便，这样才不偏废一边，才能把握中道。然而李翱还是未能参透，他向禅师说："闺阁（私心）中物舍不得。"心中仍然有挂碍，不能超然尘外。

唐朝名诗人李商隐因此作诗评李翱悟性不高：

> 云在青天水在瓶，眼光随指落深坑；
>
> 溪花不耐风霜苦，说甚山高海底行。

可见禅师的悟境，并不是常人所能轻易理会得到的。以李翱的聪明博学，都无法窥见药山禅师的功行，更何况一般凡夫俗子？禅悟原是脱胎换骨的境界，不是有限的语言所能说明，也不是有形的现象所能诠释的，如果以常识的妄执去知解禅境，彷佛雾里看花，无法参透禅的本来面貌，要了解禅的境界，必须具备实际禅定的功夫。

五、圆通秀禅师与黄庭坚

黄庭坚，字鲁直，宋代文学大家，自号山谷居士，擅于诗词文章，尤好作艳词，为时人所传诵。

有一天，黄庭坚来拜访圆通秀禅师，禅师正色对他说："你的文章虽然辞藻华美，但难道你只甘于做这种惑人耳目的文章吗？"

当时有一位擅长画马的画家李伯时，每天念念于揣摩马态，禅师深怕他命终之后将投生马胎，因此特别给予告诫，从此李伯时收拾画笔，不再画马。圆通秀禅师也以这件事来劝诫黄庭坚，黄庭坚笑着说："难道你也要告诉我，他日恐会投胎马腹之中吗？"

圆通秀禅师呵斥："你以绮语拨动天下人的淫心，只怕将来要堕入地狱泥犁中，而不只是投生牛胎马腹而已呢！"

黄庭坚一听，幡然悔悟，立即忏悔谢罪。后来又经灵源清禅师等善知识的激励，终于尽摒旧习，锐志学佛，发愿戒绝酒、肉、淫欲。曾做一首诗：

我肉众生肉，名殊体不殊；

原同一种性，只是别形躯。

苦恼从他受，甘肥为我须；

莫教阎老断，自揣应如何。

这首诗中充满了护生的观念，意思是说，我与众生的地位、名称虽然不同，其实一样的，人人有个真如自性，只不过在转世投胎的时候，应机随报而各自成为人、羊、牛……躯壳不同而已。如果只为了满足自己的口腹之欲，而不顾众生的痛苦，那么，不必等到阎罗王来审判，我们自己扪心自问：这样对待众生是不是公平呢？可见如是因，如是果，造什么业障，受什么果报，这是分毫不变的。

六、佛印禅师与苏东坡

佛印了元禅师，俗姓林，宋朝江西人，书香世家。诞生时，祥光通照，天资聪颖，3岁能诵读《论语》，5岁能诵诗3000首。长大后博览世典，精通五经，乡里称他为"神童"。后来志慕般若空宗，礼日用禅师学习《法华经》。更游方到庐山，访居讷禅师，承嗣其法，驻锡在云居山。

当时信仰佛教的文人雅士非常多，缁俗往来公案更是不胜枚举，其中最为人所乐道的，当推佛印禅师和苏东坡之间的故事。苏东坡为文坛巨匠，诗、书、琴、艺无不精通，学佛多年，悟性甚高，颇能领会佛法妙谛。苏东坡和佛门高僧多有往来，尤其和佛印禅师，过从更是密切。

有一天，佛印禅师将要登坛说法，苏东坡闻说赶来的时候，已经坐满人众，没有空位了。禅师看到苏东坡就说："人都坐满了，此间已无学士坐处。"

苏东坡一向好禅，马上机锋相对回答禅师："既然无坐处，我就以禅师四大五蕴之身为座。"禅师看到苏东坡和他论禅，便说："学士，我有一个问题问你，如果你回答得出来，那么老和尚我的身体就当你的座位；如果你回答不出来，那么你身上的玉带就要留下来。"苏东坡一向自命不凡，以为定胜无疑，便答应了。

佛印禅师就说："四大本空，五蕴非有，请问学士要坐在哪里呢？"苏东坡为之语塞。因为我们的色身是四大假合，没有一样实在，不能安坐于此，玉带就因此输给佛印禅师。苏东坡当时还为这件公案写了一首诗偈：

> 百千灯作一灯光，尽是恒沙妙法王；
>
> 是故东坡不敢惜，借君四大作禅床。
>
> 病骨难堪玉带围，钝根仍落箭锋机；
>
> 会当乞食歌姬院，夺得云山旧衲衣。

佛印禅师更有谢偈一首：

> 石霜夺取裴休笏，三百年来众口夸；
>
> 争似苏公留玉带，长和明月共无瑕。

这件事情一时传为美谈，千百年来一直为人所传颂。

又有一次，苏东坡去见佛印禅师，并且事先写信给禅师，叫禅师如赵州禅师迎接赵王一般，不必出来迎接。这件有名的公案是这样——

赵州禅师德高望重，赵王非常尊敬禅师。有一天，赵王亲自上山参见禅师，赵州禅师不但没有出门迎接，还睡在床上不起来，禅师对赵王说："对不起，出家人素食，力气不足，加之我年老了，所以才睡在床上见您。"

赵王听了不但毫无愠色，反而更加恭敬，觉得禅师是一位慈祥的长老，回去之后，为了表达内心的敬仰，马上派遣一位将军送礼给禅师。禅师听到将军送礼物来了，赶忙披袈裟到门口去迎接。徒弟们看到禅师的行径感到莫名其妙，就问道："刚才赵王来，师父睡在床上不迎接，他的部下来了，反而到门口去迎接，这是什么道理呢?"

赵州禅师说:"你们不懂,我接待上等宾客是躺在床上,用本来面目和他相见;次一等的客人,我就坐起来接见;对待更次等的客人时,我就用世间俗套出门来迎接。"

苏东坡自以为了解禅的妙趣,佛印禅师应该以最上乘的礼来接他——不接而接。可是,却看到佛印禅师跑出寺门来迎接,终于抓住取笑禅师的机会,说道:"你的道行没有赵州禅师高远,你的境界没有赵州禅师洒脱,我叫你不要来接我,你却不免俗套跑了大老远的路来迎接我。"

苏东坡以为禅师这回必然甘拜下风无疑了,禅师却回答一首偈子说:

> 赵州当日少谦光,不出山门迎赵王;
>
> 怎知金山无量相,大千世界一禅床。

意思是说,赵州不起床迎接赵王,那是因为赵州不谦虚,而不是境界高;而我佛印出门来迎接你,你以为我真的起床了吗?大千世界都是我的禅床,虽然你看到我起床出来迎接你,事实上,我仍然躺在大千禅床上睡觉呢!你苏东坡所知道的只是肉眼所见的有形的床,而我佛印的床是尽虚空遍法界的大广床。苏东坡以为可以调侃禅师,想不到第二次又输了。

又有一次,苏东坡到金山寺和禅师打坐,苏东坡觉得身心舒悦,于是问禅师:"禅师,你看我坐的样子怎么样?""好庄严,像一尊佛像。"苏东坡听了非常高兴。佛印禅师接着反问苏东坡:"学士,你看我坐的姿势怎么样?"苏东坡从来不放过嘲弄禅师的机会,马上回答说:"像一堆牛粪!"佛印禅师听了也很高兴。

　　苏东坡看到禅师被自己譬喻为牛粪，自己终于占上优势，欣喜得不得了，逢人就说："我一向都输给佛印禅师，今天我可赢了！"消息传到苏小妹耳中，问道："哥哥，你究竟怎么赢禅师的？"苏东坡眉飞色舞，神采飞扬地如实叙述了一遍。传说苏小妹天资超人，才华出众，不让须眉，她听了苏东坡得意的报告之后，正色说："哥哥，你输了！彻底地输了！佛印禅师的心如佛菩萨，所以他看你如佛菩萨；而你的心像牛粪，所以你看他也像一堆牛粪！"禅悟的境界是无法伪装的，必须自身去实证。

　　苏东坡再一次输给禅师。

　　又有一次，苏东坡被派遣到江北瓜州任职，和金山寺只隔着一条江。有一天，苏东坡修持欣然有得，做了一首偈子，来表达他的境界，然后很得意地派书童过江把偈子送给禅师，并嘱咐书童看看禅师是否有什么赞语？偈子上说：

　　　稽首天中天，毫光照大千；

　　　八风吹不动，端坐紫金莲。

　　意思是说，我顶礼伟大的佛陀，蒙受佛光的普照，我的心已经不再受外在世界称、讥、毁、誉、利、衰、苦、乐八风所牵动了，好比佛陀端坐莲花座上一样。

　　禅师看了之后，一语不发，拿起笔来，只批了两个字，就叫书童带回去。苏东坡以为禅师一定会赞叹自己境界很高，看到书童拿回禅师的回语，急忙打开一看，只见上面写着"放屁"两字，无名火不禁升起：岂有此理！禅师不但不称赞我，反而骂我"放屁"。于是乘船过江找禅师理论。

　　船快到金山寺时，佛印禅师早已站在江边等待苏东坡，苏东坡一见禅师就义愤填膺地说："禅师！我们是至交道友，你怎么可以开口骂人呢？"

禅师若无其事说："骂你什么呀？"

"我那首偈上面的'放屁'两字呀！"

禅师听了哈哈大笑说："你不是八风吹不动吗？怎么让我一屁就打过江来了？"禅的境界是超诸文字语言的，知识言说上的"八风吹不动"，如果没有真实的证悟，是经不起考验的。苏东坡虽然才华超群，但是对于"禅"终不免于知解分别的体会，最后仍然输给佛印禅师。由上述公案，可以知道"禅"是言语道断的。

苏东坡一向自视文学造诣很高，和高僧往来的公案更是众多。有一次到荆南，听说玉泉承皓禅师驻锡此地，机锋辩才很高，心中不服气，想去试试禅师的悟境，于是化装成达官贵人的模样去见禅师，禅师看到他，上前招呼说："请问高官贵姓？"

苏东坡机锋回答说："我姓秤，专门秤天下长老有多重的秤。"

玉泉禅师大喝一声，然后说："请问我这一声有多少重？"

苏东坡哑口无言，内心大服。

有一天，苏东坡挂单在东林寺，与照觉禅师谈论有关"有情无情"的事，彻夜不眠，至黎明时颇有所悟，做了一首千古传颂的偈语，来表明他感悟的心境：

> 溪声尽是广长舌，山色无非清净身；
>
> 夜来八万四千偈，他日如何举似人？

这首偈语主要告诉我们：对佛法有所证悟的时候，大自然到处都是佛陀的法身圆音，流水溪涧、青山翠竹，无一不在为我们诉说佛法妙谛，能够如此认识，就能契入禅境，不能如此，即使背熟八万四千偈子，即使佛菩萨站在你的面前，仍然不能与佛法相应。

苏东坡在佛法中得到法益之后，非常护持佛教。有一位范蜀公不信佛法，并且非议说："平生事，非目所见者未尝信。"苏东坡听了说："怎可如此？吾人患病，请医生把脉医疗。医生说：内太寒则服热药，内太热则服寒药。你何尝见过脉动，但是对体内的寒热则信之不疑，何以独对佛法讲求眼见才肯相信呢？"佛理之高妙，岂可用凡夫肉眼来窥睨。

以上所述为文人和佛门高僧之间有名的公案。为什么历代有那么多文人崇信佛教？本来文人学士对人生的体验较常人为切，对境遇的感悟较常人为深，而佛法的微妙教理，对宇宙人生的阐明，正可以满足他们追求真理的饥渴，安住他们的身心。文学本来就是发于中，形于外的性情之事，有佛教教理为内容，给予文学鲜活的生命，而不至流于无病呻吟、遣词造句的文字游戏。可以说，佛法丰富了文人的生命，开拓了文学的新面貌，而文人学佛则助长了佛法的宣扬，两者相得益彰。

1976 年 11 月讲于新竹"清华大学"礼堂

禅师与禅诗

依循着禅诗的内容脉络，
可以找出禅师们对宇宙人生的看法与态度。

想要深入了解历代禅师的风范人格，有一条捷径，那就是直接从他们所作的"禅诗"入手，依循着禅诗的内容脉络，可以找出禅师们对宇宙人生的看法与态度。禅的境界，对于我们这个动荡混乱的时代，忙碌不安的人生，具有许多益处，在此提出数首禅诗来探讨研究。

第一首　宋·张无尽

赵州八十犹行脚，只为心头未悄然；

及至归来无一事，始知空费草鞋钱。

这首诗是描写唐朝赵州从谂禅师悟道的事情。有一次，一位初学佛法的弟子，问赵州禅师一个问题："末劫时，还有没有'这个人'？"佛教认为这个世界必定要经过成、住、坏、空四大劫。到了末劫的时候，我们这个人会不会坏？还有没有业识？

赵州禅师回答:"会坏。"

弟子听了之后,接着又问:"如果'这个人'会坏,那怎么办呢?我们就随他去吗?"

赵州禅师不在意地说:"随他去!"

弟子听了禅师的话后,觉得非常怀疑。而赵州禅师自己后来想想,也不敢确定回答的话是否恰当,因此终日惴惴不安,无法安心。于是,为了求得内心的安定,赵州禅师跋涉千山万水,到处去参究正确的答案,而留下了"一句随他语,千山走衲僧"的佳话。

为了心中的一个问题不能明白,无法释然,80岁的赵州禅师不怕路途颠簸,四处寻找真切的答案。经过许多年以后,倦游归来,结果什么也没有得到,才知道自己过去在外面奔波寻找,只是缘木求鱼,空费了草鞋钱。

这首诗的含意是什么呢?就是说"道"不必向外界追求,无须到心外寻觅,因为"道在迩",道就在我们每个人的内心。如果我们迷乱了心智,像赵州禅师一般,到处参访,即使花了很长久的时间,结果还是一片茫然。这首诗告诉我们一个道理:要有求真的热忱和放下的勇气。佛门说一个人悟道有三阶段:"看破、放下、自在。"的确,一个人必须放下,才能得到自在。古人说:"不以物喜,不以己悲。"我们对于人生的荣辱毁誉,能够超然物外,对于虚幻的功名富贵,能够淡然不着,凡事提得起,放得下,身心不再为名缰利锁束缚,自然能够得到大自在。

我们不但要有放下的勇气,更需具备求真的热忱。好比赵州禅师为了一句话,不辞千辛万苦地寻找答案;这种求真的精神,正可作为世人的模范。

第二首　唐·布袋和尚

手把青秧插满田，低头便见水中天；

六根清净方为道，退步原来是向前。

在寺院里，常常可以看到一尊大腹便便、背着布袋的和尚塑像，我们称他为弥勒佛。实际上，弥勒佛的法像不是如此，这个心宽体胖、笑容迎人的和尚是唐朝的布袋和尚，也是这首诗的作者。据说布袋和尚是弥勒菩萨的化身，他时常背着袋子在社会各阶层行慈化世。有一天，当他跟农夫一起干农活时，忽然心有所感，因而做了这一首诗。

"手把青秧插满田"，描写农夫拿着秧苗，一株接着一株往下插；"低头便见水中天"，低下头来看到倒映在水田里的天空；"六根清净方为道"，当我们身心不再被外界的物欲染着时，才能与道相契；"退步原来是向前"，农夫插秧，是边插边后退的，正因为他能够退后，所以才能把稻秧全部插好，最后他插秧时的"退步"，正是工作的向前进展。

这首诗告诉我们，从近处可以看到远处，退步也可以当作进步。常人有一种倾向：看高不看低，求远不求近。譬如某人学问比我渊博，就尊重他；某人钱财比我富足，就巴结他。如果此人条件比我差，就不予理会，而不知道"登高必自卑，行远必自迩"的道理。禅师们观看这个世界与常人有显著不同的看法，"低头便见水中天"，就是要我们虚怀若谷低下头来，才能真正认识自己、认识世界。

日本有一位禅师曾经譬喻："宇宙有多大多高？宇宙只不过五

尺高。我们这具昂昂六尺之躯，想生存于宇宙之间，只有低下头来。"成熟的稻子，其稻穗也是低低地俯垂着，我们想认识真理，也要谦逊自制，把头低下来。

一般人总以为人生向前走，才是进步风光的，这首诗却告诉我们退步也是向前的，以退为进的人更是向前，更是风光。

古人说："以退为进。"又说："万事无如退步好。"在功名富贵之前退让一步，是何等的安然自在；在人我是非之前忍耐三分，是何等的悠然自得。这种谦恭中的忍让，才是真正的进步，这种时时照顾脚下、脚踏实地地向前才是至真至贵。人生不能只是往前直冲，有的时候，若能退一步思量，所谓"回头是岸"，往往能有海阔天空的乐观场面。

第三首　唐·龙山禅师

三间茅屋从来住，一道神光万境闲；

莫作是非来辨我，浮生穿凿不相关。

这是潭州龙山禅师的诗偈，描写悟道有得，超然物外的境界。是说人生在世，虽然住的是简陋茅屋，吃的是粗糙食物，但是，如果我们能以智慧去观照世间的功名利禄和人间的是非善恶，了解它们的短暂性、虚妄性，心地明朗，得其所安，那么茅茨土阶也是亭台楼阁，粗衣蔬食也是珍馐佳肴，因为心与道相契合，世界是宽敞无碍的。这个时候，世界万种的纷争纠缠，再也无法扰乱我们悠闲的心境，世人如何钻营巧取，都与我们毫无相干。

这首诗充分表现了龙山禅师对于世间名利置之度外，而过着一种超然绝尘的生活。一般人对人生抱有两种态度：一种是"纵欲的人生"，汲汲追求世间的享乐，为了满足自己的欲望，以致纵情任性无法自拔；另外一种是"禁欲的人生"，视欲望如毒蛇，以名养为畏途。佛教认为这两种态度都过于偏激，有失中道。过分的纵欲，一味追逐享受，容易迷失了本性，况且欲壑难填，以有限的精力去追求如溪壑般的欲望，好比夸父逐日，到最后只有死于非命。纵欲的快乐是不实在的，跟随而来的是身心的交瘁、人格的堕落，所以说"乐极"必"生悲"；"纵欲的人生"是不究竟的。

"纵欲的人生"虽然不好，"禁欲的人生"也太过狭隘，因为完全禁欲使人形同槁木死灰，毫无生气。好比种花莳草，水分过多，必定腐烂而死，而缺少水分，也会枯干而死。如果恰到好处，花草得到清水的滋润，就能长得茂盛美丽。所以佛教理想中的生活，既不推行禁欲的人生，也不提倡纵欲的人生，而主张过着中道的生活。

我们称众生为"有情"，"情性"与我们如影随形，无法分离，放纵它，固然不可；绝对禁止，也是不可能。若能善加引导，合理节制，好比长江黄河疏导入流，不但无害，反而有益于灌溉、水利。况且欲望有善恶之分，善欲可以给予人生奋进的力量，所以佛教不主张纵欲，也不主张禁欲，而主张节欲。当我们修行至一定境界时，虽然住在欲尘中，也不会被染着的。

第四首　唐·无尽藏比丘尼

终日寻春不见春，芒鞋踏破岭头云；

归来偶把梅花嗅，春在枝头已十分。

这首诗是唐朝无尽藏比丘尼到处访道，后来开悟所作的。我们求道好比寻找春天，从清晨找到夜晚，可是仍然看不见春天的踪影，走遍了千山万水，把鞋子都磨破了，但是春天究竟在哪里呢？心灰意懒之下，回到家里，看到庭院中早开的寒梅，清香四溢，忍不住深深地一闻，原来春天早就悄悄地绽开在寒梅枝上了。

这首诗说明我们追寻人生真理，探求智慧，往往本末倒置，向心外去追求，而不知道向心内去寻找。此诗更提示了"心内世界"与"心外世界"的差别。常人总以为心外的世界很宽很大，而不知道心内的世界更宽更大。佛经上说："心包太虚，量周沙界。"可见我们的心怀多宽敞、多广大。

现今世界上正为石油缺乏、能源危机而恐慌。事实上，真正的能源在我们心中，我们内心的宝藏，比世界上盛产石油国家的能源还丰富，但是我们却将这一块取之不尽、用之不竭的油田荒弃不用，愚昧地向心外的世界去挖掘，不晓得把自己这一座灵山中的宝藏开采出来。"佛在灵山莫远求，灵山就在汝心头"，不要舍弃灵山，徒然去攀登别的山岭。

如果我们对禅的境界有些体悟，去除了对事相的滞碍，只要是东风吹拂的地方，不管红花也好，紫花也好，不都象征着春天的信息吗？所以说："等闲识得东风面，万紫千红总是春。"如能契入佛法妙谛，层峦叠翠，无一不是诸佛菩萨的精神法身；声湍鸣涧，都是诸佛菩萨的说法妙音。这就是苏东坡所谓的"溪声尽是广长舌，山色无非清净身"的意思。但是，如果我们不去领会，纵然芒鞋踏遍岭头云，也不过是"一瓶一钵垂垂老，千山千水得得来"，茫然无得而已。道无所不在，处处可以体会，甚至吃饭、睡觉、走路、行进之间都有道的存在。能如此体会，春天就不远了！

第五首　宋·草堂禅师

云岩寂寂无窠臼，灿烂宗风是道吾；

深信高禅知此意，闲行闲坐任荣枯。

这是一首描写不同宗风的诗。唐朝药山禅师投石头禅师门下而悟道，他得道之后，门下有两个弟子，一个叫云岩，一个叫道吾。有一天，大家坐在郊外参禅，看到山上有一棵树长得很茂盛，绿荫如盖，而另一棵树却枯死了，于是药山禅师观机逗教，想试探两位弟子的功行，先问道吾："荣的好呢？还是枯的好?"道吾说："荣的好。"再问云岩，云岩却回答："枯的好。"此时正好来了一位沙弥，药山就问他："树是荣的好呢？还是枯的好?"沙弥说："荣的任他荣，枯的任他枯。"他们三个人对树的成长衰亡有三种不同的意见，寓意他们对修道所采取的态度，有三种不同的方向。

云岩说"枯的好"，可以知道他所修学的禅道是寂寂中出发的，他的宗风是不落窠臼的寂静无为，所以说"云岩寂寂无窠臼"。而道吾说"荣的好"，显示他后来光芒万丈的灿烂宗风，所以说"灿烂宗风是道吾"。但是，超乎云岩道吾二者之上的沙弥，又如何呢？这就说明了分别的知识与圆通的智慧之间的不同。

云岩和道吾，一个说荣的好，一个说枯的好，显示他们从知识上去分别事相。我们平常所指陈的人间是非、善恶、长短，都是从常识上去认识的，只是停留在分别的知识界，而这位见道的沙弥却能截断两边，从无分别的慧解上去体认道的无差别性，所以说："荣的任他荣，枯的任他枯。"

　　无分别而证知的世界，才是实相的世界。我们所认识的千差万别的外相，都是虚假不实，幻化不真的。甚至我们所妄执的善恶也不是绝对的，好比无缘无故用拳头打人一拳，这个拳头就是恶的；好心帮人捶背，这个拳头又变成善的。恶的拳头可以变成善的，可见善恶本身没有自性，拳头本身无所谓善恶，这一切只不过是我们对万法起的一种差别与执着。

　　禅的世界是要我们超出是非、善恶、有无、好坏、荣枯等相对立，而到达一种绝对真实和圆融的世界。禅的世界是要我们在生死之外，寻找另一个安身立命的所在。

第六首　宋·苏东坡

一树春风有两般，南枝向暖北枝寒；

现前一段西来意，一片西飞一片东。

　　这是一首非常有趣的禅诗。有一天，苏东坡和秦少游在一起吃饭，两个人因为才华都很高，往往为了谈学论道，互不相让。这天吃饭的时候，刚好有一个人走过，由于许多天没有洗澡，身上爬满了虱子，苏东坡就说："那个人真脏，身上的污垢都生出虱子来了。"秦少游坚持异议说："才不是呢！虱子是从棉絮中长出来的。"两人各持己见，争执不下，便去请佛印禅师作个公道，评判谁输谁赢，并且商议输的人要请一桌宴席。苏东坡求胜心切，私下跑到佛印禅师那里，请他务必要帮自己的忙。秦少游也拜托禅师帮忙，佛印禅师也答应了他。两个人都以为稳操胜算，放心地等待评判的日子来临。揭晓的日子终于到了，禅师正色下评断说："虱子的头是从污垢中生出来的，而虱子的脚却是从棉絮中长出来的，所以你们两个人都输了，应该请我吃宴席。"苏东坡因此有感而发，写了这首诗。

这首诗告诉我们什么？就是"物我合一"。我们的观念中，物是物，我是我，物我之间的关系是对立的，甚至不能相融。那是因为我们把世间的"空"、"有"分开，因此产生种种的矛盾、冲突、差别，但是在禅师心中，物我是一体的，外相的山河大地就是内在的山河大地，大千世界就是心内的世界，物与我之间已没有分别，已完全调合了。好比一棵树，同样接受空气、阳光、水分，每一片树叶却有不同的生机，但彼此又能无碍地共存于同一株树上。泯除物我的对立，才能得到圆融的统一，管它虱子是从棉絮还是从污垢中长出来的，把"自"、"他"的冲突去除，才能见到圆满的实相。

第七首　唐·古灵禅师

空门不肯出，投窗也太痴；

千年钻故纸，何日出头时。

这首诗的作者古灵禅师，是在百丈禅师那里开悟的。悟道后的古灵禅师心想："如果没有过去的剃度恩师引导自己入道，今日如何能悟道呢？"可惜剃度师父仍然未见道，于是古灵禅师回到师父身旁。师父问归来的弟子说："这几年在外面参学，证悟了什么吗？"明明悟道的古灵禅师却回答："没有！"因为道是不可言传的。

有一次，年老的师父洗澡，古灵禅师替他擦背，忽然拍拍师父的背说："好一座佛堂！可惜，有佛不圣。"师父听了便回头看他，古灵禅师赶紧把握机缘又说："佛虽不圣，还会放光呢！"但是师父仍然不开悟，只觉得徒弟的言行异于常人。

又有一次，师父在窗下读经，有一只苍蝇因为被纸窗挡住了，怎么飞也飞不出去，把窗户撞得嘎嘎响，又触动了古灵禅师的禅思："世间如许广阔，钻他驴年故纸。"并做了上面那首诗偈，意思是说，苍蝇你不晓得去寻找可以出去的正道，却死命地往窗户钻，即使身首离异也不能出头。暗示师父参禅应该从心地下功夫，而不是"钻故纸"的知解。

师父看到这个参学回来的弟子，言论怪异，行径奇特，于是问他是什么道理，古灵禅师便把他悟道的事告诉了师父，师父内心欢喜感动之余，更请他上台说法。古灵禅师升座，把经本一合，说道：

> 心性无染，本自圆成；
>
> 但离妄缘，即如如佛。

意思是说，我们的心性好像一块黄金，即使放在污水里，也不失它的光泽，只是我们没有去发现而已；去除了这些污染，我们的佛性就能展现出来。师父听了徒弟说法，终于开悟了。这首诗为我们揭示了两个世界——向前的世界和向后的世界，向前的世界虽然积极，向后的世界却更辽阔，我们唯有融合这两个世界，才真正拥有整个世界。这首诗更告诉我们"师不必贤于弟子，弟子不必不如师"的道理，迷时固然是师度，悟时也可以度师。禅门这种典故很多，譬如鸠摩罗什学了大乘之后，回去度化他学小乘佛法时的师父，这说明在佛法之前，众生是平等的，没有阶级之分，也没有长幼之别。有的只是迷悟愚圣，平等中的差别。

第八首　唐·马祖道一禅师

　　为道莫还乡，还乡道不成；

　　溪边老婆子，唤我旧时名。

　　平常我们称卖艺为生的人为"走江湖"，其实"走江湖"原本是禅门行者云游寻道参访的意思，"江湖"是指江西马祖禅师和湖南石头禅师。

　　马祖道一禅师家住在江西，石头希迁禅师落籍于湖南，两人在中国禅宗的传承史上都占有很重要的地位。在唐朝的时候，据说要学禅，只有这两处最好，因此当时盛行"走江湖"，意思是到江西、湖南去学禅，但是流传到现在，"走江湖"却失去它的原意。

　　马祖道一禅师成道以后，回到故乡，亲朋故里知道了都跑来看他。有一位浣纱的老婆子也好奇地来看禅师，并说道："原来是马家的小子回来了！"禅师俗姓马，老婆子看着禅师从幼稚无知的童年长大成人，虽然禅师现在悟道了，在老太婆根深蒂固的观念中，禅师仍然是那个充满童稚的小孩子，而不是堂堂正正上弘下化的人天师表，因此禅师很感慨地做了这一首诗。

　　这首诗启示我们不要沉醉于甜蜜的过去，要泯除狭隘的地域观念，扩大生命领域。从有限的时空中去创造无限的时空，以有限的生命去扩充无限的生命，将短暂的生命投注于永恒的时空之中，不能像井底之蛙一般，画地为牢，局于一隅。须知大丈夫志在四方，四海之内皆有修道的兄弟，学道不必在故乡，弘法更无须在家邦。古人云："道不弘父母之邦。"佛门也常说："一钵千家饭，孤僧万里游；为了生死事，乞化度春秋。"意思是说，出家人为了传播道的种子，不惜放弃名闻利养和物质享受，席不暇暖的汲汲于弘法的道路上。只要社会需要，不管上山或下乡，都应贡献己能，而不必一定非在自己家乡不可。我们求道不能有宗派观念，弘法更不能有地域的想法。

第九首　宋·柴陵郁禅师

我有明珠一颗，久被尘劳关锁；

今朝尘尽光生，照破山河万朵。

这是柴陵郁禅师摔跤悟道所作的诗。禅师的禅风非常灵巧活泼，不过他座下的弟子白云守端禅师，治学呆板，虽然时常持诵上面这首诗，却始终无法参透其中的禅趣。后来白云禅师因为一个机缘，跟随杨岐方会禅师学道，但是仍然不能开悟。有一天方会禅师问白云禅师说："据说你师父在摔跤的时候悟了道，并且作了一首诗偈，你记得吗？"白云禅师赶忙把上面那首诗念给他听，方会禅师听了之后哈哈大笑，不发一语就走开了。

这一笑引出白云禅师的困惑，第二天他问方会禅师，是不是说错了什么？禅师回答说："你见过庙前玩把戏的小丑吗？他们做出种种动作，无非想博人一笑，观众笑得越大声，他们就越开心。我只不过轻轻笑你，就放不下了，岂不是比不上那些小丑吗？"白云禅师如梦初醒，放下了长久以来的执着而开悟了。

这首偈子告诉我们，学佛要开放、活泼，不要太呆板，太呆板就会失去宇宙奥妙的禅趣。禅是活活泼泼的，一扬眉一瞬目，一投足一言笑，都充满禅的风光，唯有以一颗灵巧的心才能与禅相应。这首诗更告诉我们不要被外境所转，东风吹来向西倒，西风吹来向东倒，把握自己的立场，认清自己的价值，世间的毁誉得失都无法影响我们，笑骂由他笑骂，好比去除灰尘的明珠，光照万里，晶莹剔透，无以伦比！

第十首　宋·石屋清珙禅师

手携刀尺走诸方，线去针来日日忙；

量尽别人长与短，自家长短几时量。

社会上有些人，眼睛天天看着张家是非、李家长短，说这个好，骂那个不好的批评别人，但是就不知道对自己怎样衡量，真是有嘴说人，没嘴说自己。

"手携刀尺走诸方"，裁缝师手里拿着刀尺，各地奔波丈量，替人穿针引线缝衣裳，真是"线去针来日日忙"。我们虽不是裁缝师，也难免每天为谁辛苦为谁忙？这种忙都是比较上、分别上、自我上的忙，忙来忙去也忙不出一个所以然来。如果我们能如祖师说的"至道无难，唯嫌拣择；但莫憎爱，洞然明白"，不分别、不计较、不存爱憎，就比较容易看清自己的面目。一有爱憎的心，就有"爱之欲其生，恶之欲其死"的心态，甚至有"顺我者昌，逆我者亡"的偏见，是很可怕的。

"量尽别人长与短，自家长短几时量"，人都好量别人的长短，量别人的贫富，量别人的贵贱，量别人的美丑，量别人的好坏，量别人的是非，量这量那，嫌贫爱富、攀缘巴结，就不知道量量自己。两个眼睛只看到别人，却看不到自己。

我们如果能以责人之心责己，恕己之心恕人，返照自己，观照自家宝藏有多少价值，就能够避开很多人生的陷阱。

自家长短几时量？不妨常常问自己！

第十一首　宋·慈受怀深禅师

莫说他人短与长，说来说去自招殃；

若能闭口深藏舌，便是修行第一方。

"莫说他人短与长"，与人相处，最忌讳飞短流长，滋生误会，佛法告诫我们闲时常思己过，莫论他人短长。流言蜚语伤害人、动摇人、苦恼人，是非常强烈的。我们要不信是非、不传是非、不听是非、不讲是非、不怕是非，即使对方造谣，说得天花乱坠，也不用怕。为什么？因为"说来说去自招殃"。一个清明的人是诽谤打倒不了的，徒然暴露了说是非者的愚昧与奸诈。

"若能闭口深藏舌"，所谓闭口，是要我们不说是非、不传是非、不听是非、不理是非，而不是如哑巴似的不开口。一般人常犯的毛病是自赞毁他，把我的一分好夸成十分，把他的一分坏毁成十分，炫己抑人，徒然多招反感。少说人家的是非，少论他人的短长，"便是修行第一方"了。

诵经念佛，固然是修行；实行佛法，更是大修持。能真心赞美人，对人说好话，向人行注目礼，给人欢喜。对人恭敬，不记恨，不起瞋心，心口合一，这些都是修行妙法的第一方。因此，学道者应具有的风仪是：

1. 光风霁月的修养。

2. 海阔天空的心胸。

3. 端庄美妙的行谊。

4. 玉振金声的言词。

如此自能断绝是非，去除纷杂的人我烦恼。

第十二首　唐·黄檗禅师

心如大海无边际，广植净莲养身心；

自有一双无事手，为作世间慈悲人。

"心如大海无边际"，人的心，如大海一般无边无际，事实上心还不止像大海，心像国王，可以发布命令；心念一动，眼睛就去看，耳朵就去听，手就去做事，脚就去走路，所以说心如国王能行令。

心又像电光，心念一动，东西南北任翱游；想建大楼，念头一转，心头的大楼即刻就建好了，心念之快真如石火电光。

心又像画师，《华严经》上说："心如工画师，能画种种物。"心如艺术家，可以在心中呈现出美好或丑陋的种种变化。

心又像虚空，可以包罗万象。平常我们常说"宰相肚里能撑船"，不是说宰相肚子里真能撑着一条船航行，而是形容宰相的心怀大得能容纳一切。

所以"心"是无量无边，是变化万端，是容纳万有。我们该如何对待这颗心呢？"广植净莲养身心"，有这么了不起的一颗心，我们就要好好地爱他。珍馐美味的营养食物入口吃了，可以滋养我们的身体，戒定慧则可以滋养我们的法身慧命，我们要好好地在心田里广植净莲。"自有一双无事手，为作世间慈悲人"，是说由心的力量能推展我们这一双手，要好好地随时随缘为人积功德。例如随口说好话，随手替人服务，随时结善缘……希望我们今天的社会，到处都是行善布施的慈悲人，人间就会很美好了。

第十三首　元·天如惟则禅师

纸上传来说得亲，翻腔易调转尖新；

世人爱听人言语，言语从来赚杀人。

世间语言不可靠。禅不立语言文字，禅要在语言文字以外直指本心，才能悟道。就算"纸上传来说得亲"，尽管纸上文字看得亲切高兴，但是文字"翻腔易调转尖新"，每个人的解释都不一样，歧见与误解难免。

阿难尊者继承了大迦叶尊者的衣钵，为禅门二祖，活到 120 岁。一天，有个沙弥在路上念偈语："若人生百岁，不见水潦鹤；不如生一日，而能得见之。"阿难尊者一听，就叫住沙弥问："沙弥！沙弥！你的偈语念错了，应该是：若人生百岁，不解生灭法；不如生一日，而能解了知。"

沙弥一听，回去就把尊者的话告诉老师，老师说："你不要随便听信老朽的阿难，他已经很老了，不懂什么佛法了。"阿难尊者看到佛法的流传这样坎坷，不胜感慨，真是翻腔易调。"世人爱听人言语"，世人都喜欢听人家说话，谎言说上百遍，也变成了真理；谣言经过几个人一再传说，就完全牛头不对马嘴了。记得抗日战争期间，日本有架飞机轰炸重庆，一拉警报，大家问来了多少架飞机？"是一架飞机"，听的人却听成十一架飞机。后来又有人问到底多少架飞机？"就是十一架飞机"，听的人也听错，变成 91 架飞机。你看！1 架飞机经过 3 个人传说，竟变成 91 架飞机，多可怕！

所以，"言语从来赚杀人"，语言虚妄不可靠，在佛教里，要自依止、法依止，莫异依止，千万不要靠语言文字，要靠自性。

第十四首　明·莲池禅师

孤峰千仞立江心，八面洪涛愁杀人；

奈是根深自坚固，几回经古又逢今。

"孤峰千仞立江心"，是形容一座孤峰千仞高，孤立在江心，像江苏的焦山就是立在江心。"八面洪涛愁杀人"，滔滔江河的波浪汹涌，惊涛骇浪不息，会不会把千仞孤峰慢慢动摇毁坏？真是令人担心！"奈是根深自坚固"，好在这座千仞孤峰基础很深、很坚固。"几回经古又逢今"，历经了多少岁月，从古到今千百年，它仍然那样屹立不动。

这首诗偈开示我们：每一个人的真如佛性，在五趣六道的洪涛波浪里，流转生死，真是愁杀人，好在我们的真如自性根基深厚，虽有生死、有来去，并不因此损减分毫。虽历五趣六道，驴腹马胎，天上人间，几经转折，古今生命是永恒的，生命是不死的。

《法华经》里这样形容：衣里明珠、梓中宝藏。一个富翁害怕家道中落，就在爱子的衣服里缝了一颗明珠，估量着就算将来家产没有了，也可以变卖这颗明珠维持生活，万万想不到儿子后来竟沦为乞丐，不知道衣服里藏有价值连城的明珠，把衣服贱卖典当了，依然流落街头。"梓中宝藏"是说：主人在屋里藏了宝藏，以备家道中落时，地窖藏的宝藏可以度日，但是天火一烧，屋毁梁倾，子孙根本不知道灰烬中藏有财宝。

我们的佛性就是梓中宝藏、衣里明珠，自己不知道，好可惜！我们要早一点证悟，要早一点知道自家宝藏，不要等到身坏尸腐了，死不瞑目！

第十五首　明·憨山德清禅师

红尘白浪两茫茫，忍辱柔和是妙方；

到处随缘延岁月，终身安分度时光。

这是明末憨山大师《醒世歌》里的一首偈语。

"红尘白浪两茫茫"，说明一个人生存在娑婆世间，就像红尘白浪似的前途茫茫，真是今日不知明日事，要如何适应错综复杂的社会呢？"忍辱柔和是妙方"，要想创造一番事业，要想圆满地将人际关系处理好，必须常常赞美人、鼓励人，此外另有妙法，就是忍辱与柔和。凡事忍让，不与人斤斤计较，即使受到委屈，遇到不如意也得承受下来。"忍一口气风平浪静，退一步想海阔天空"，要和谐无争，当是自护第一方。有一首《忍耐歌》说得好："忍耐好，忍耐好，忍耐两字当奇宝。一朝之念不能忍，斗胜争强祸不少，身家由此破，性命多难保。休逞财势结怨仇，后来要了不得了，让人一步有何妨，量大福大无烦恼。"

其次就是柔和了。柔能克刚，不管遇到什么样的艰难险阻，只要柔和泰然地面对它，事情往往就会有转机。除了忍辱柔和，人生观要"到处随缘延岁月，终身安分度时光。"

在佛门行事，好事就随境，善事就随行，好人就随他，好念头就随心，——随顺因缘才不会妄求。至于如何安分度时光？这安分主要是指积极行善，方法就是佛门所指的四正勤：未作恶，令不做；已做恶，令断除；未生善，令生起；已生善，令增长。如此，遇到好事才会更积极，精进不已。

第十六首　唐·赵州从谂禅师

四大由来造化功，有声全贵里头空；

莫嫌不与凡夫说，只为宫商调不同。

"四大由来造化功，有声全贵里头空"，是说宇宙万物所有一切，皆由四大所造，由四大因缘和合而成。四大就是四种元素，合起来成为世间，成为人，任何事事物物都离不开这四大——地、水、火、风。地是坚硬性的，水是潮湿性的，火是温暖性的，风是流动性的。

像花草树木的生长，需要土壤，是地大；要有水分滋润，是水大；要有阳光，是火大；要有空气，是风大。有了土地、水分、阳光、空气，花草树木才能成长。人也一样，人的身体骨头、毛发，是坚硬的地大；人的大小便、汗、痰是潮湿性的水大；人的体温、肝火，是火大；风大，是指人的呼吸，要是一口气不来，人也不能活下去。四大因缘聚就成，四大因缘散则灭。又如盖房屋的建材中，木材是地大；水泥是水大；采光、通风是火大、风大。一间房子的完成，也要有此地、水、火、风的因缘才能完成，世间所有一切，也都是四大会聚而成。

"莫嫌不与凡夫说"，这许多道理，未同凡夫解说，是因一般人很难了解缘起性空。"只为宫商调不同"，中国古代音乐有宫、商、角、徵、羽五个音调。如释迦牟尼佛在金刚座上，菩提树下证道后，第一个念头就是要涅槃。为什么要涅槃？因为佛陀证悟的真理，与世间不同，佛陀所见的苦相，世间人看成乐境；佛陀证悟的法身、菩提，是世人的寂灭、空无。所以有些看法，不容易使大家信服，是因为佛、菩萨与凡夫的认识不同，思想、观念也不一样，往往不易传达。因此，要好沟通、好说话，观念一致是大前提！

第十七首　唐·洞山良价禅师

不求名利不求荣，只要随缘度此生；

一个幻躯能几时，为他闲事长无明。

在动乱的世间里，若把人我是非看得太认真、太计较，日子不免纷纷扰扰，所以要能放下一些，随缘一些，像皮箱一样，用时提起，不用就放下。否则一直提着不放，不嫌累赘吗？需要时又提不起，不是很不方便吗？

这首偈语要我们"不求名利不求荣"，不求个人的安逸、荣耀、成就，应该为国家社会求大、求好、求荣耀。如何做到只为大众，不为私己呢？像佛光人的信条"光荣归于佛陀，成就归于大众，利益归于常住，功德归于信徒"，就是一种无私无我的德行。

"只要随缘度此生"，我们不要只顾一己得失，要多为国家社会着想，为大众造福，不辞辛苦努力奉献服务，广结善缘。想想"一个幻躯能几时，为他闲事长无明"，人生不过百年光阴，为什么一定要为过眼云烟勾起无明烦恼，徒然牵肠挂肚？

正如无门慧开禅师的诗：

春有百花秋有月，夏有凉风冬有雪；

若无闲事挂心头，便是人间好时节。

不要把个人琐碎的事挂在心头，但是对普度众生的事则要积极，对社会福利工作更要护持，如修桥铺路，功德无量；济危扶困，成人之美。活在世间，懒惰懈怠也是几十年，自私自利也是几十年，何不积极为国家社会多做点事？为社会的安和乐利多多造福呢？

第十八首　唐·龙牙禅师

木食草衣心似月，一生无念复无涯；

时人若问居何处，绿水青山是我家。

这一首诗偈是龙牙禅师修行自在的写照。

"木食草衣心似月"，我虽然以花木水果为食，以树木草皮为衣，但是我心好似天上月，明朗得很。"一生无念复无涯"，我一生不妄求、不计较、不执着，人到无求品自高，人到无念便安闲。所以龙牙禅师参禅悟道以后，就过着木食草衣逍遥自在的生活。一般人百般计较，又要锦衣美食，又要名闻利养，但对一个修道者而言，木食草衣比锦衣美食更庄严、更美好！我们住在五欲六尘里，烦恼痴迷；天人居住在庄严的宫殿里，享受欲乐；二乘人居住在清净无为里，佛的法身居住在虚空无住中，正是"应无所住而生其心"。"时人若问居何处，绿水青山是我家"，这是一个比喻，有的人过去住在污染的地方，现在搬到清凉净土；过去住在执着里，现在住在无我里；过去住在烦恼里，现在住在菩提里；过去住在动乱里，现在住在安静里。我们不妨问一问自己，我们究竟住在哪里？

身心若居住在人我里，一旦人我不在了，怎么办？若居住在是非上，是是非非怎能安乐？如果有人问你居住何处，你最好说：我住在菩提里，住在清净里，住在无我里，住在无为里。如《金刚经》所说"应无所住而生其心"，人住在哪里？居住在无所不住之处。太阳住在天空中，看似没有依靠，然而天空就是它的家。时人若问居何处，绿水青山是我家。

第十九首　明·于谦

千锤万凿出深山，烈火焚烧若等闲；

粉身碎骨浑不怕，要留清白在人间。

这首诗，是描写石灰的一生，最初"千锤万凿出深山"，采自深山的矿脉，"烈火焚烧若等闲"，运送到窑里用烈火焚烧，经过强度的熬烧后，变成石灰，才能用来粉刷墙壁。石灰"粉身碎骨浑不怕"，只为"要留清白在人间"，它成就了自己，也成就了世间。

人要像石灰一样，经得起千锤百炼的考验，活在社会上，对于人情冷暖、金钱得失、生活的贫富，乃至一切的嘲笑辱骂、歌功颂德，都要以平常心对待，世间如火宅、如怨城，在艰难困苦的红尘里处事，就像在烈火窑中焚烧一样，不妨等闲承受。

为了成就事业，实现一生的理想，何妨以委曲求全、忍辱负重的精神，抱着为人服务奉献的作风，去实践"粉身碎骨浑不怕"的志愿。锲而不舍，勇往直前，使一世身家性命都"要留清白在人间"，成就佛教，成就圣法，成就众生，不正是"了生脱死"的极致吗？

活在世间，难免有职业上的辛苦，心灵上的烦恼，种种的折磨痛苦，真是无日未有。我们要努力超拔，脱出烦恼苦海，进入菩提境界，千万不要因为一念之差铸成大错，不能留得清白在人间，再回头已是梁柱倾、鬼号哭，什么都挽不回了！

第二十首　宋·无门慧开禅师

春有百花秋有月，夏有凉风冬有雪；

　　若无闲事挂心头，便是人间好时节。

　　这一首诗偈，是对如何做人、处世、安身立命做了个很好的开示。"春有百花秋有月，夏有凉风冬有雪"，春天的百花开了，秋天的月亮特别皎洁，夏天吹拂着徐徐凉风，冬天飘着皑皑白雪，春夏秋冬四季分明的更替，就像我们生老病死的过程。在现实生活里，经年累月酸甜苦辣的日子，假如我们能将生老病死的无常、荣辱得失的好坏，都不挂在心上，那就是人间最好的时节了。

　　人并不是拥有良田千顷、大厦千间就能快乐满足，真正的快乐是心里有智慧，没有挂碍。一个人即使钱财再多，名位再高，若有人我的挂碍，有人我的是非，有名闻利养的百般计较，家事、国事、心事太多，心理压力就重；钱财愈多，名位愈高，徒然愈放不下，又有什么意义？我们要学习举重若轻的心胸，减少心里的压力，才能轻松自在，真实体会到人生的意义。所以"若无闲事挂心头，便是人间好时节"，什么是人间好时节？只要我们心好，看一切都好，父母爱我，子女孝顺我，朋友对我好；你感到人好，你自然就会待人好；你感到事好，做起事来就会得心应手；你感到境好，走在路上，躺在椅子上，一切都是那么美好！真是"心中无事一床宽，眼内有沙三界窄！"

　　一个人光是要求世间好、环境好、朋友好，是没有用的，要先求自己好。要能从心好做起，才能感受到世界一切都美好。事好、人好、话好，无一不好，那便是人间好时节了！

　　　　　　　　　　1976 年 5 月讲于中兴大学法商学院

禅与现代人的生活

禅，是人间的一朵花，是人生的一道光明；
禅，是智慧，是幽默，是真心，
是我们的本来面目，是人类共有的宝藏。

　　《六祖坛经》不但是佛教禅学的一部宝典，而且被中国历史学家钱穆推荐为研究中华文化的必读之书。《六祖坛经》全文皆以禅学为主。禅的思想，为东西方文化所共同接受，因为禅不是什么神奇玄妙之理，禅只是一种生活，是大、是尊、是真善美的境界，是常乐我净的领域。

　　禅，是人间的一朵花，是人生的一道光明；禅，是智慧，是幽默，是真心，是我们的本来面目，是人类共有的宝藏。

　　禅，虽然是古老的遗产，但更是现代人美满生活的泉源，因为禅的功用可以扩大心胸、坚定毅力、增加健康、启发智慧、调和精神、防护疾病、净化陋习、强化耐力、改善习惯、磨练心志、理解提起、记忆清晰。

　　尤其禅能令我们认识自己，所谓明心见性，悟道归源，兹以"禅与现代人的生活"为题，分为四点来说明：

一、禅的人间社会性

禅，不是什么神奇玄妙的现象；禅，也不是佛教所专有的。可以说人间充满了禅机，大自然无一不是禅的妙用。禅像太阳的热能一样，只要有心，到处都有自己的热能。

禅不是少数人的，禅有社会性，是人间的、大众的。佛陀在灵山会上，把禅法传给了大迦叶尊者，但把禅心交给了每一个众生。

禅的光明照耀着人间；禅，沟通了人我的关系，沟通了心物的关系。禅者与禅者之间的接心、印心，处处都说明了禅的人间社会性，禅门一千多则传灯故事，不但玄奥，而且美妙。那些禅话里，处处都说明了禅者从矛盾中，如何统一见解；从差别中，如何融合思想；从分离中，如何相依精神；从人我中，如何相通两心！

学僧问洞山禅师："寒暑来时，如何躲避？"

洞山禅师答道："何不向无寒暑处去？"

学僧再问："如何是无寒暑处？"

洞山禅师道："寒时寒杀阇黎，热时热杀阇黎。"

学僧反驳道："你不是说到一个既不寒又不热的地方，为什么又寒杀热杀呢？"

洞山禅师终于明白地说道："寒冷时用寒冷来锻炼你自己，热恼时用热恼来锻炼你自己。"所以禅者不逃避人间，永远活跃在社会每一阶层，在寒暑冷暖、荣辱苦乐、贫富得失、是非人我中不动心。"犹如木人看花鸟，何妨万物假围绕"，这就是禅者人间的社会性格。

"春城无处不飞花"，同样，"人间到处有禅机"。从禅的名称，可以看出禅的社会性，如禅食、禅衣、禅床、禅座、禅灯、禅味、禅话、禅行、禅悦、禅喜、禅友、禅眷、禅用、禅心……人间社会里，哪里没有禅呢？

真正的禅者，山林水边，陋巷闹市，不分僧俗，不计男女，人人可参禅，人人可问道，所谓"一钵千家饭，孤僧万里游"。禅者的云游行脚，就是那么人间化、社会化。禅者的社会，亦即是禅者所住的禅林，他们对工作和合分工，同道间参访互助，修持上严格精勤，处众时上下平等，生活里朴素无华，心地中统一归真。

今日人间社会上，流行着不少的病态，如紧张、功利、自私、狭隘、执着、暴力，急需禅者安详、放下、大公、宽广、空无、慈悲的良方来对治，这就有赖于大家共同推动。

二、禅的时空普遍性

所谓禅，如"万古长空，一朝风月"。在禅里，没有时间的长短，没有空间的远近，没有人我的是非，刹那之中有永恒，一念之中有三千。心中有事虚空小，心中无事一床宽；禅者对时空有着普遍性的悟入。

禅者的修定，不重成佛，只重开悟，只要一悟，何愁大道不办？所以禅者修定悟道以后，你挂念他年老，他说没有时间老；你要他旅行游览，他说法界皆在他的心中。因为禅者一悟之后，就能泯灭时空内外、自他对立，其实内外、对立，实皆一如也。

有数则诗偈，可明禅定皆一：

1. 吾有正法眼藏，涅槃妙心（内定）；

   拈花微笑，付嘱摩诃迦叶（外禅）。

2. 应无所住（内定），而生其心（外禅）。

3. 溪声尽是广长舌，山色无非清净身（内定）；

 夜来八万四千偈，他日如何举似人（外禅）。

4. 犹如木人看花鸟（内定），何妨万物假围绕（外禅）。

5. 稽首天中天，毫光照大千（外禅）；

 八风吹不动，端坐紫金莲（内定）。

6. 尽日寻春不见春，芒鞋踏破岭头云（内定）；

 归来偶把梅花嗅，春在枝头已十分（外禅）。

说到悟，那不是语言文字所能形容的，但是，悟透过禅定必然可以体验的，可以说悟才是参禅入定的真正目的。因为悟，可以领略到时间的永恒，可以体会出空间的无边。悟，在人我里完全生佛平等，在时空里完全法界一如。

智通禅师半夜忽然起床大叫："我悟了！我悟了！"

一寺大众都被他吵醒，归宗禅师严肃地问他："你悟到什么？"

智通毫不迟疑地回答道："我悟到师姑原来是女人做的！"

这样的回答，实在太妙了！师姑是女人，是多平常的事，但真正的懂，是证悟诸法普遍平等，才真正了然。

石头希迁的"未到曹溪也不失"，惟宽禅师的"道在目前"，都是说明禅的时空是普遍性的。

沩山禅师告诫石霜禅师："莫轻一粒，因为百千万粒皆从此一粒生！"

三、禅的自我规范性

禅，是绝对的超越，绝对的自尊，在禅者的口中"魔来魔斩，佛来佛斩"；"佛之一字，吾不喜闻"，丝毫不留一点情面；黄檗禅师的"不着佛求，不着法求，不着僧求"，以及临济的"既不礼佛，又不礼祖"，好像佛祖和他有什么仇恨。其实有这种"虽千万人吾往矣"的自尊精神，才能和大觉世尊的禅道相应。

禅者虽重视师承，但六祖大师的"迷时师度，悟时自度"，更为所有禅者效法。盖禅者当下承担，以表示对自我的尊重。诗云："赵州八十犹行脚，只为心头未悄然；及至归来无一事，始知空费草鞋钱。"由此可见一个参禅者，为了求真的精神，虽然 80 岁的高龄，也要靠自己去找到他要的答案。

大凡一个禅人，他的修行，应该注意下列四点：

1. 自我观照，反求诸己。

2. 自我更新，不断净化。

3. 自我实践，不向外求。

4. 自我离相，不计内外。

我们这个时代，大多数人好像迷失了自己，乞求于别人的帮助；如果失去指引，自己就好像不能独立担当。对"自家宝藏不顾，抛家散走的人"，禅者的自我尊重，应是现代人的一帖良方。

禅者也非常重视自我的约束，自我的规范。自从六祖大师的行化大开以后，马祖禅师创建了丛林，百丈禅师立了清规。千余年以来，没有一个禅者不守清规的。下列原则，是他们最重视的规范：

1. 自食其力维持生活，不可伤害修道禅人。

2. 不坏团体家风信誉，不自宣说自我成就。

3. 每日必有发心劳作，修福修慧感恩知足。

4. 物质生活越淡越好，重视师承树立家风。

因为禅者重视生活规范，从不到处惹是生非，今日这个脱序的时代，实应该学习禅者的风范。

四、禅的生活实践性

禅宗六祖惠能大师，就是一个从生活中修行成功的人。

惠能大师八月春碓，亲自劳作，实为他进入悟道的不二法门。离开了生活，固然没有禅；离开了劳作，更无法深入禅心。自古以来，像百丈的务农、雪峰的饭头、杨岐的司库、洞山的香灯、圆通的知众、百灵的知浴、道元的种菜、临济的栽松、沩山的粉墙……处处都说明禅者非常重视生活。

有人问赵州禅师："什么是禅法？"

赵州禅师指示他去洗碗，再有人问什么是禅法？赵州禅师告诉他去扫地。因此，学者不满，责问赵州禅师："难道洗碗、扫地以外没有禅了吗？"

赵州禅师不客气地说道："除了洗碗、扫地，我不知道另外还有什么禅法。"

有源律师请教大珠慧海禅师道："如何秘密用功？"

大珠禅师道："饥时吃饭，困时睡觉。"

有源律师不解地说道："那么每一个人每天都在修行？"

大珠道："不同！别人吃饭，挑肥拣瘦，不肯吃饱；别人睡觉，胡思乱想，万般计较。"

现代人的生活，普遍追求感官的刺激，以为快乐，其实闭起眼睛来的观照禅心，那才是快乐的泉源。

今日社会，不少人都想升官发财、娶妻生子，但升了官，发了财，他过的生活并不快乐，有夫妻儿女，烦恼更大。还有不欢喜别人的拥有，不喜见别人的快乐，成为最大的生活上的苦恼。如能实践禅者自我淡泊的生活，实践禅者服务喜悦的生活，则当下就是一位真正的禅人了。

1989 年 1 月讲于佛光山

禅堂的生活与清规

禅堂的大小、设备的好坏、地点的远近，
在禅者心目中是没有分别的，
因一入禅境，三千世界的宽广就在当下。

　　"禅堂"是供给禅者参禅打坐的场所，一向是不对外开放的，因此一般人对禅堂都有一股神秘感。

　　禅堂的建筑通常长有六丈至十丈、宽四丈至八丈不等，不过也会依参禅人数的多寡而有所更动。禅堂可以是供给短期精进禅坐的场所，也可以是只容一个人的陋室小房子，乃至僻远山洞也都是打坐的好场所。

　　禅堂的大小、设备的好坏、地点的远近，在禅者心目中是没有分别的，因为一入禅境，三千世界的宽广就在当下。自古以来，多少的禅者在禅堂中悟到人生的真理，照见自我的本性，而成为一代人天师范，禅堂之功实不可没。

　　禅堂的设备是封闭式的，禅是向自我内心追求，不向外求，所以禅堂不设窗户，主要是让参禅的人能集中心念，不要随着窗外的景物而起分别妄念，否则就失去参禅的意义了。

禅宗初祖达摩祖师曾面壁的河南嵩山，有一座少林寺，传闻过去入了山门的人，除非他的功夫已能跃过那四周的高墙，否则不能走出山门。也就是说要有能够跳越此高墙的能力，出了山门才不会丢了少林寺的颜面，正因如此，少林寺的武功至今仍非常流行。同样的，禅堂的四周虽非高墙，但却封闭，主要是不让外界的污染、妄想、烦恼进到禅堂里来。禅师一再警诫初学者，一进禅堂就要将外面的、过去的一切放在禅堂外，好好安身在心上下功夫。

禅堂通常有两个门，正门写着"正法眼藏"，后门通称方便门，是供禅者盥洗、方便之用。打坐时要将禅门的帘子放下来，帘子一放下，就不可以进出、走动，或有音声，尤其是止静的板一敲，世界好像一下子静下来，在寂静的气氛下，自然会感受到禅的气息。

以下分为四点说明禅堂的生活与清规。

一、禅宗的法物与道场

在禅门，每个参禅的人，拥有的物质越少越好，但少到什么程度呢？依现在的斤两来计算，所谓"衣单两斤半，随身十八物"，因为一个人东西越少，欲望就越少；东西越多，带给我们的困扰、烦恼也就越多。

禅堂里的禅师，因为使用的物品东西很简单，所以因物质而起的烦恼也很少，欲望少，心自然能自由自在。其实禅师用的物质虽少，但他们内心中却拥有三千大千世界。

平常生活，衣单两斤半，若是外出云游的禅者、云水僧，他可以拥有十八样的东西，叫"头陀十八物"：

1. 杨柳枝：现代人用牙膏、牙刷来刷牙，古代的禅师是用杨柳枝来刷牙的。用杨柳枝刷牙，不仅口气芬芳，牙齿也少有疾病。

2. 三衣：就是袈裟可储备三件：一是僧伽黎，又叫大衣、祖衣、杂碎衣、法衣、二十五条衣；二是郁多罗僧，又名上衣、七衣、入众衣；三是安陀会，又名中衣、宿衣、内衣、五衣、工作衣等。

3. 坐具：禅者走到什么地方，随时可以把坐具摊开，在上面打坐。和前面的三衣，通称为"三衣一具"。

4. 澡豆：澡豆即是现在的肥皂粉、肥皂。在过去没有肥皂粉的时代，澡豆是一种清洁剂。

5. 钵：是出家人吃饭的用具。出家人拿着钵向信徒化缘食物，称为"托钵乞食"。

6. 瓶：是装水的用具。

7. 香炉：香炉不仅用来烧香、供佛，在各处行脚，山林水边一炷香，也有驱除蚊虫的作用。

8. 滤水囊：滤水囊就是现在的水壶、热水瓶，过去的禅者参访游学时，用滤水囊装水，饮用时更加卫生。

9. 毛巾：盥洗用的布。

10. 刀：戒刀，用来除草，紧急时也可以防止坏人的侵犯。剃刀，剃除须发。

11. 锡杖：出家人拿锡杖是用来防身的。

12. 奁：镜匣子。

13. 镊子：夹东西的镊子。

14. 经书、律书。

15. 佛像。

16. 菩萨像。

17. 火燧：引火用的石子。

18. 绳床：有时遇到下雨天，地上太潮湿，几根绳子从这一棵树套到那一棵树上，就是一张绳床，可以在上面睡觉。

现在我们到户外活动或至各处旅行登山，都必须装备齐全，也可以说是从过去禅师们参访、云游慢慢承袭下来的。

禅者出外云游最常用的是头陀十八物，如果在团体所居的禅堂里，最重要的法物就是钟板、木鱼。

"钟"，禅堂的报钟，有所谓"钟声传三千界内，佛法扬万亿国中；功勋祈世界和平，利益报檀那厚德"，意义是非常深远的。

"板"，寺院的打板，分为一板、二板、三板、四板、五板等。

古时候没有时钟，是以"更"来衡量时间。一更、二更……五更到天亮。寺院到了晚上，大家都休息了，叫做"开大静"。打一下"笃！"这是一板，表示大家都休息了。通报了以后，打两下"笃！笃！"表示结束。到了早晨约 3 时左右，到大寮（厨房）叫醒水头烧水，饭头煮饭，打三下"笃！笃！笃！"要大寮的人起来准备；约 4 时左右，打"笃！笃！笃笃！"四下，这是要全寺大众起床盥洗，上早殿。四板以后，打五板"笃笃笃！笃笃！"接报钟。从一板到五板就是这样轮转。

禅堂的钟板，就是大众的号令，所谓"龙天耳目"，必须相当尊重。钟板的配合有时是"一钟一板一木鱼"，有时是"二板一钟一木鱼"，或者"三板一钟一木鱼"，都代表一些特殊的意义。所以，禅者的生活，不用语言，每天在单纯的号令下井然有序。

另外，诵经时，为什么要敲打木鱼？为什么要用木头做成鱼的形状呢？原来，鱼有一个很特殊的习性，不管是在水中游或静止不动，眼睛都睁着不休息，佛门取其精进的特性，敲打木鱼来策勉禅者要用功不能懈怠。甚至在钟板上面书写"生死事大，无常迅速；珍惜光阴，时不待人"，时时警惕参禅的人珍惜光阴。

禅堂里最重要的领导者，佛门称作"维那"，其座位旁有个小牌子，写了一句非常重要的话："大众慧命，在汝一人；汝若不顾，罪归汝身。"也就是说，在禅堂里，大家修行的规矩、法则，都靠维那领导；大家的慧命，维那应好好维护，否则执行不力，就是维那的罪过了。

禅堂里还有一样非常引人关心注意的"香板"，香板分有几种：

1. 警策香板：用来勉励大家。

2. 巡香香板：用来巡查坐禅昏沉的人。

3. 监香香板：于禅七时使用，一般是由方丈、首座、西堂、维那、纠察等执行。

4. 清规香板：是属较严重者，犯了清规时，才会请清规香板来处罚。

香板的作用除了以上几种，有的信徒也喜欢请赐香板（打香板），来消除业障，为自己增加力量。

禅宗使用香板的时间并不长。据说清朝时，雍正皇帝非常怀念昔时的国师——玉琳国师，当他得知在扬州高旻寺有一位玉琳国师的弟子，就把这位出家人召到朝中。雍正问他的禅功如何？他回答皇帝："很惭愧，对于禅没有什么成就。"

皇帝不太高兴，说："一代国师怎么会有你这么没有出息的后人呢？限你在一个礼拜之内开悟！如果一个礼拜之内不能开悟，我就用这把宝剑杀你。"

于是，卫士每天就在禅堂外，摆一摆、摇一摇这口宝剑，说道："今天是第一天。"

"今天是第二天。"

"今天是第三天。"

玉琳国师的弟子心想：我这一条小命是保不住了。但是到了第七天，他在情急之下终于开悟了。

他抢了卫士手中的宝剑说道："究竟是万岁爷要我的头？还是我要万岁爷的头？"雍正也是一个禅家，听到这番话，内心很高兴，如果不是开悟，谁有这么大的口气？

所以，禅门的禅堂，无论是封闭也好、大也好、小也好，主要是让一个有心参禅、悟道者，能有个悟处。

二、禅者的话头与成就

一个参禅的人，总要提起话头来参，"话头"，对于学禅的人，是重要的第一步。所谓"参话头"，就是提起一念，看这一念的开始来自何处？灭向何方？把这一念、这一个话头紧紧地掌握住，在这话头上回心返照、悟达自性。参话头有两种，一种是无意义的话头，这种话头不可以用一般常识解释，也不可用逻辑推理，因为没有意义，就不必分别研讨。另一种是有意义的话头，如我们平常讲的："狗有没有佛性？"

"我们无梦无想的时候，主人公何在？"

"万法归一，一归何处？"

"念佛是谁？"

"念佛是我，我又是谁？"

“谁叫我们每天驮个尸体东奔西跑呢？”

“如何是祖师西来意？”

“参话头”就是要一直这样参下去，问到最后，忽然一声“噢！”迷妄的虚空世界粉碎了，这个时候就愣愣地惊奇“啊！”那感觉别有一番景象，这就是开悟。

“参话头”大都是禅师给我们提起，给我们启示。有时禅师把话头提起来了，我们却不知道是什么意思，如龙牙禅师参临济禅师时问道：“如何是祖师西来意？”

临济禅师答：“与我拿禅板来。”

后来龙牙禅师又去参翠微禅师，问道：“如何是祖师西来意？”

翠微禅师回答：“与我拿蒲团来。”

这种答非所问，牛头不对马嘴的对话，在禅者的心里都有一番大道理。又如天台德韶禅师参净慧禅师时问道：“如何是曹溪一滴水？”

净慧禅师答：“是曹溪一滴水。”

一般人看到许多不合理，但在禅者的世界，他已把矛盾统一了，把时空调和了，把心物一如了，把一切众生都一体化了，没有你我的分别，一切都是平等的。

好比，善慧大士有一首诗道：

空手把锄头，步行骑水牛；

人从桥上过，桥流水不流。

这首偈语若是给语文老师看，一定不通。既是空手，哪有锄头呢？既是步行，怎么还会骑水牛？人从桥上过，怎么会桥流水不流呢？这根本就不合道理。

我们常把世界万有本体和现象之间，甚至人我之间，划分了界限，宇宙间有了这一界限，会把世界分隔得非常零碎，甚至千疮百孔。而禅者他能超越对立、超越根本与现象，因此，没有彼此、没有时空、没有来去、没有动静、没有大小，什么都是一如的，什么都是平等，都是超越的，所以无烦无恼，样样统一，这就是禅者逍遥洒脱的境界，也是禅者随遇而安的生活。

如何静坐？如何参话头？我们在家里的床上、地板上、沙发上，坐下来把意念集中，把精神统一，专注在一句话上面。如同猫捕捉老鼠时，目不转睛、四脚贴地、身毛都竖起来，把全身的力量都集中在一念，参话头就是要用这样的心力！

琅琊禅师有一个女弟子，问禅师如何参话头，他回答："你就参一句'随他去'吧。"

这位女弟子听后，行之不退。有一天，有人告诉她："你的先生和一位漂亮的小姐去看戏、喝酒了。"

"随他去吧！"

又有人跟她讲："今天你家遭小偷了，被偷走好多东西。"

"随他去吧！"

如果我们听了她这样的回答，一定会替她着急，这种事怎可说随他去呢？

有一天，她和丈夫在炸油条，"吱！"一声响，悟道了。她静静地离开锅边，丈夫叫道："喂！喂！你怎么走开呢？"

她答道："随他去吧！"

丈夫："你是不是疯了呢？锅子的油正热着，怎么能随他去呢？"

这位太太看似不近人情，不近事理，可是她一句"随他去吧！"在世间上都能逍遥自在了。日常生活中偶尔看到两个人在交头接耳，不必以为他们是在讲你，"随他去吧！"看到别人的生活不正常，只要不妨害到你，"随他去吧！"看到别人有好处，也不必嫉妒，"随他去吧！"假如在行住坐卧中，待人处事上，能好好运用这一句"随他去！"不必参禅悟道，日子也会很好过的。

三、丛林的制度与清规

丛林的制度是非常民主、平等的，在分工合作下各司其职，有管生活的、有管礼仪的、有管法务的，如维那为规矩之纲领；典座为资生之主管，负责调理饮食；香灯负责佛殿的清洁与事务；司水掌民生所需……因各人根性不同，常住会依各人的性向，给予不同职务的安排，真正做到了"人尽其才，物尽其用"的禅林风范。

月潭禅师曾将出家人分三等：

1. 能够广度众生、广结善缘者是上等的出家人。

2. 虽不能弘法度众，但能维护寺院、保护道场，这是中等出家人。

3. 不能弘法度众，又不能保护道场，只知道吃饭、睡觉，这是下等的出家人。

峨山禅师也说出家人分有以下几等：

1. 能够经得起犍锤的棒喝、打骂，受得了委屈打击，很坚强地面对种种苦难，这是上等的出家人。

2. 虽不能忍耐，受不了委屈，不过对他好，他会感激你的慈悲、你的恩惠，这是中等的出家人。

3. 丝毫承受不了委屈，又不知道感恩，只会怨恨、不满足，常常在你对我好，他对我不好的比较下过日子。没有禅悦，没有法喜，这是下等的出家人。

其实峨山禅师的论僧，不一定专指出家众，我们的社会、国家、公司、家庭的每一分子，都可以用这种方法来衡量，是上等根性，还是中等、下等？能受委屈，能忍耐的是上等；知道对方慈悲，懂得感恩是中等；凡事都不知道的是下等。我们可以用此种方式来认识身边的人，了解众生的百相。

禅宗丛林内的一切都很平等，我们从它各种的名词可以得知，例如：

住持和尚请大家吃饭，叫"普请"；堂主老师说法开示，叫"普说"；客堂下令要工作劳动，叫"普坡"；常住慰劳大众吃茶，叫"普茶"。

加了"普"字，就是大家都平等了、都一样对待了。丛林除此之外，还有"六和敬"的制度，即利和同均、戒和同遵、见和同解、身和同住、口和无争、意和同悦。大家在利益上、戒律上、见解上、语言上、思想上、共住上，都是平等无高下的。

禅宗规矩简单有序，不像律宗的戒律那么烦琐，比如有的禅堂标示着参禅的规矩：

1. 不侮辱修行者。

2. 不亵渎三宝。

3. 不破坏禅堂团体。

4. 不违犯刑事罪行（即杀、盗、淫、掳）。

5. 不宣说自己的成就。

另外，百丈禅师也有"丛林二十条规定"：

> 丛林以无事为兴隆。修行以念佛为稳当。
>
> 精进以持戒为第一。疾病以减食为汤药。
>
> 烦恼以忍辱为菩提。是非以不辩为解脱。
>
> 留众以老成为真情。执事以尽心为有功。
>
> 语言以减少为直截。长幼以慈和为进德。
>
> 学问以勤习为入门。因果以明白为无过。
>
> 老死以无常为警策。佛事以精严为切实。
>
> 待客以至诚为供养。山门以耆旧为庄严。
>
> 凡事以预立为不劳。处众以谦恭为有理。
>
> 遇险以不乱为定力。济物以慈悲为根本。

这些都是禅林一些重要的规矩与目标。

四、禅门的生活与修持

一个禅者，他的丰姿、他的形象，都显现在日常生活中的行、住、坐、卧之间，所谓"行如风、坐如钟、立如松、卧如弓"，走路的时候，如风一样迅速无声，直走不弯曲；坐下来要如钟一样平稳、庄严；站立时，如松树般笔直；睡觉时，吉祥式的右胁而卧像个弓。有偈语描述禅师之风范，深得其趣：

> 举佛音声慢水流，诵经行道雁行游；
>
> 合掌当胸如捧水，立身顶上似安油。
>
> 瞻前顾后轻移步，左右回旋半展眸；
>
> 威仪动静常如此，不枉空门做比丘。

念佛的音声如流水一样，慢慢地诵出；走路像雁子般的成行列队，整齐划一；合掌于胸前如捧水般的端正；站立时，精神饱满，头上好像顶着一盘油。昔时中国宫中的嫔妃，乃至现在的世界小姐，也是头上顶着东西来训练丰姿、仪表，禅者也是如此注重威仪。

再说到禅者的走路，都必须瞻前顾后，轻轻移步，看东西时绝不东张西望，只是左右回视的半展眸，其威仪动静经常保持庄重。

当然也有些不修边幅的禅者，不为人间世俗的眼光、看法所左右，如法融禅师，经常是衣衫褴褛、鼻涕挂在嘴边，提醒他鼻涕要流下来，快擦掉，他还回答："我才没有时间为哪个俗汉拭鼻涕呐！"

有一次，皇帝请他入朝相见，法融禅师拒绝了，并作了一首偈子：

> 世事悠悠，不如山丘；
>
> 卧藤萝下，块石枕头。
>
> 不朝天子，岂羡王侯？
>
> 生死无虑，吾复何忧。

他的意思是说，世间的一切事情难以预料，不像我们禅者山林水边、卧藤、树下，拿个石头当枕头，仍可以睡得安闲自在。天子都不必朝拜，我还羡慕什么王侯呢？生死对我而言都不在意了，还有什么值得我挂虑、忧愁的呢？

禅者的生活亦可用另一首偈子来形容：

> 衣单二斤半，洗脸两把半，
>
> 吃饭三称念，过堂五观想。

禅者们所拥有的衣物，加起来才不过二斤半重，洗脸只要两把半。什么是两把半？就是一两百个人只用一盆水洗脸，大家轮流用毛巾沾一下，抹一把脸，是一把；再沾第二回，擦一擦脸孔，是两把，这时水已所剩无几了，只好半湿巾角，随意往脸再拭一下，就是两把半。可谓极尽简朴、惜福。吃饭前，要合掌称念"供养佛、供养法、供养僧、供养一切众生"，吃饭时，要观想：

1. 计功多少，量彼来处。

2. 忖己德行，全缺应供。

3. 防心离过，贪等为宗。

4. 正事良药，为疗形枯。

5. 为成道业，应受此食。

这些都是禅者为法身慧命、办道修业而接受供养、受食的态度及修持。

常人吃饭不但要美味可口，还要色香味俱全，好吃的就贪得无厌，不喜欢吃的就极端挑剔拣择。而禅者不因好吃而多吃，也不因不喜欢而不吃，只为了疗养色身，好用功办道。他们那种纵使"终日吃饭，也未曾咬着一粒米"的自在无碍，正是我们要学习的地方。

归纳禅门生活的要点，不外乎：

1. 忍辱（从忍辱中去除无明）

2. 劳作（从劳作中来培福报）

3. 修福（从修福中增长智慧）

4. 感恩（从感恩中获得快乐）

5. 参禅（从参禅中解脱自在）

有一位昙照禅师，每天逢人都告诉对方："快乐啊！快乐啊！我好快乐啊！"有一次不小心掉到水里，几乎要灭顶，他仍无惧地微笑着。可是到了年老卧病在床时，每天却喊着："痛苦噢！痛苦噢！我好痛苦噢！"

住持和尚听到后，对他说："你不能老是这样的喊痛苦呀！当年你掉到水里，几乎灭顶都不怕，怎么现在老了、病了，却喊痛苦，你的修持功夫到哪去了？"

昙照禅师说："你看我这一生，究竟是喊痛苦好呢？还是喊快乐好呢？"

其实昙照禅师他觉悟的境界，不是喊快乐或喊痛苦可以表达的，他之所以喊："快乐！快乐！"是要大家珍惜光阴；所以喊："痛苦！痛苦！"是要警惕大家生死无常的可怕。

有一位非常护持佛法的老婆婆，供养一位禅师参禅修道，一供养就是 20 年。有一天，老婆婆想知道这个禅师的修行如何，派她长得非常漂亮的孙女送饭去给禅师，并吩咐孙女，当饭菜送到时，就一把抱住禅师，看看禅师说了什么话。

孙女到禅师的住处，依照祖母的吩咐，将饭菜放下后，就抱住禅师，那位禅师则一动也不动，冷冷说道："枯木倚寒岩，三冬无暖气。"

意思是说，我这个修行者像枯木死灰一样，在寒崖的地方，经过三冬，我的心好冷，人我之间的是非、美色、酒色财气……都影响不了我，我热不起来了。

孙女回来把这两句话告诉了祖母。

老婆婆一听，非常失望地说道："没想到我二十年来竟供养了一个自了汉。"一气之下就把禅师赶走，并烧掉了禅师修行的茅屋。

禅师到处游方结缘，几年后又回到老婆婆的住处，要求老婆婆再护持他修行。三年后，老婆婆又叫她的孙女再去试探禅师，当孙女把饭菜放下，抱着禅师时，禅师也回抱着，并告诉她："这种事只有你知、我知，千万不可以给老婆婆知道。"孙女回来把这些话告诉祖母，老婆婆一听，好高兴："我终于供养了一个人间的菩萨。"

禅门修行不光为自己，一定要像菩萨那样大慈、大悲、大热忱来对待众生，不可做自私的自了汉，故在修持上，我们要：

1. 自我观照，反求诸己。
2. 自我更新，不断进化。
3. 自我实践，不向外求。
4. 自我离相，不计胜负。

1984 年 11 月 15 日讲于高雄中正文化中心

禅者云游与参访

禅师们的云水行脚，另有一种潇洒风姿，
他们来去无碍，也不沾不滞，
对自己的故乡不留恋，对风景际遇也不执取；
视大千世界、万事万物，如雪泥鸿爪不留痕。

禅，主要就是让我们觉悟。过去有禅者悟道了，有人问他："你悟了什么呢？"

他说："原来佛祖是凡夫做的。"

也有禅者悟道了，有人问他："你悟的什么道呢？"

他说："啊！我现在才知道，原来那些拜佛的师姑都是女人哪！"

古代禅师四处云游参访，无非为了寻求一个"道"，"道"究竟是什么？禅师们悟道的情况是怎么样呢？

常人言：世间上最快乐的事，就是能够"读万卷书，行万里路"。一个人能够自由自在地到世界各地旅行，这种逍遥的人生令人向往。古代禅者的行脚参访，就像我们现在的旅游那么样地逍遥、洒脱、自在。以下分为四点，对禅者的云游与参访来加以说明。

一、云水行脚的风姿

古时候的禅者，他们行云流水似的各处行脚、参访、教化，那种随遇而安、随缘度化的风采，为人间树立了圣贤的典范，就连赫赫尊荣的大清顺治皇帝也不禁称羡："天下丛林饭似山，钵盂到处任君餐；黄金白玉非为贵，唯有袈裟披肩难。"这种芒鞋竹杖，以天下为家的洒脱无滞，实在不是一个日理万机的君王所能企及，无怪乎他要慨叹："百年三万六千日，不及僧家半日闲！"

禅师们平日生活是随缘而又简单的，"口中吃得清和味，身上常穿百衲衣"，在清茶淡饭、粗布单衣的生活里，有着"富贵于我如浮云"的怡然自得；清茶淡饭里有甘美的妙味，粗布单衣里有无上的庄严。在这个世间，百年岁月犹如一场乾坤大梦，人生不过是乾坤里的一盘棋局，到最后输赢又能如何？还不如学学禅师们的随缘放旷，任性逍遥，摆脱物质尘劳的束缚，安住于丰富的心灵世界。

有一首描写禅师生活的诗偈："一钵千家饭，孤僧万里游；为了生死事，乞化度春秋。"道尽禅师们安贫守道的高旷风骨。三衣一钵，竹杖芒鞋，随处参访，随处行化，看起来像是清苦的乞者，其实是世间最富足快乐的人。一般人睡在高广大床上，犹有千般剪不断、万绪理还乱的烦恼、计较；但是禅师们只要"日中一食，树下一宿"，心里就很满足自在，没有牵绊，也没有烦恼。

佛陀时代，有一位跋提王子，和两个同参法友在山林里参禅打坐，不知不觉中，三个人异口同声地叫出："快乐啊！快乐啊！"

佛陀听到了，就问："你们刚才一直叫'快乐啊！快乐啊！'什么事让你们这么快乐？"

跋提王子回答："佛陀啊！想当初，我住在高墙深院的王宫里，每天吃的是珍馐美味，穿的是绫罗绸缎，多少卫兵日夜保护着我，但是我仍然感到恐惧，好像有人要行刺我；每天都在不安的情绪里生活。现在出家了，参禅了，吃的东西虽然素简，却甘美饱腹；住的地方虽然是林间树下，却觉得好安全、好自在，所以忍不住欢喜得叫了出来。"

许多人在每天的生活里面，不知道是以什么为快乐。有人以为世间上爱情最快乐，但是爱情像花朵一样，虽然美丽芬芳，却不能长久；爱情像柿子、菠萝一样，虽有那么一点甜味，但是那个甜味里面有酸、有苦，也有涩啊！爱情好像是南北极一样，有时候情欲炽燃热如火，热得我们头昏脑涨，不能自已；有时候爱恨交织冷如冰，让人觉得人生没有意思。

也有人说，世间不一定要有爱情，金钱一样使人快乐。但是金钱并非万能，金钱可以买到一切山珍海味，却买不到健康的食欲；金钱可以买到高级的化妆品、漂亮流行的服饰，却买不到优雅的气质；金钱可以买到名贵的床褥，却买不到安心的睡眠；金钱可以买到千万本书籍，却不能买到智慧；金钱可以堆砌权势，却得不到众人的敬重啊！金山银山，能买到恒久的快乐吗？

爱情，不是最快乐的资源；金钱，也不是最快乐的资源；那么，真正的快乐是什么呢？如果我们的生活里面有禅，像禅者的参访、云游或者是打坐，看世间烦恼如流水，横逆是涅槃。因为有禅，哪怕是短短的一瞬，也足够一生一世受用无尽了。

禅师们云游参访，到处行脚，经过几十年的岁月，有的慢慢会体悟：道，不是在云游参访里面。道在哪里？道在我自己的心里。

赵州禅师有一首诗：

> 赵州八十犹行脚，只为心头未悄然；
>
> 及至归来无一事，始知空费草鞋钱。

赵州禅师非常精进，虽然是年高 80 岁的人，仍然虚心访道，四处行脚，走遍天涯海角方才知悟：道，原来是在自己心里。

宋朝的江西从悦禅师参访云盖守智禅师的时候，对谈不到几句，云盖守智禅师就批评他："看你虽然是长沙道吾山的首座，但是谈吐竟如醉人一样！"

从悦禅师面红耳赤地回答："请和尚慈悲，不吝开示！"

守智禅师问："你曾参访过法昌禅师吗？"

"学人看过他的语录，已经融会在心，因此没有去参访。"

守智禅师再问："你曾参访过洞山克文禅师吗？"

从悦禅师不屑地回答："洞山克文吗？终日疯疯傻傻的，拖一条布裙，作尿臭气，算不上大德禅者！"

守智禅师严肃地开示："禅在那里！你就往尿臭气去参！"

从悦禅师见守智禅师说得很认真，就依守智禅师的指示，去参访洞山克文禅师，因而深领奥旨，回来后便感谢守智禅师。

守智禅师说："你去参访克文禅师，觉得如何？"

从悦禅师诚恳恭敬地禀告："若不是您的指示，我此生就蹉跎了，因此特来礼谢！"

守智禅师道："礼谢什么？礼谢尿臊气好了。"

以貌取人，这是人间的通病，以衣取人，更是肉眼常见的事例。禅在哪里？禅不一定在庄严相好上，不一定在美好穿着上，"一条布裙，作尿臭气"，这是慧眼看到的禅境，因此莲花出于污泥，金玉藏于土石也。大千世界云游尽后，才知道大千世界原来不在彼处，在我们的心里，禅就是这么一个味道。

禅师们云游参访，不是贪看风景，完全是为了寻找一个重要的东西，就是"道"；访道，就是他们的风姿。禅者像行云流水一样，处处逍遥自在。世人被功名富贵、五欲六尘束缚的人生，假如也有那么一点"禅"的闲情逸致，也那样的逍遥参访、云游，也体会那么一点禅的味道，人生不是就美化了吗？

禅师们的云水行脚，另有一种潇洒风姿，他们来去无碍，也不沾不滞，对自己的故乡不留恋，对风景际遇也不执取；视大千世界、万事万物，如雪泥鸿爪不留痕。例如，有名的马祖道一禅师回到家乡，遇见一个老婆婆在河边洗衣服，老婆婆看到出家僧，就问旁人："哎哟！那不是马家那个小三子吗？"她不叫他马祖道一，叫马祖的小名。马祖道一禅师不禁感叹说："为道莫还乡，还乡道不长；溪边老婆子，唤我旧时名。"云游天下的禅师，常常是连自己都遗忘的人。

二、挂单求法的虔诚

禅师们为了云游参访，经常会到一些禅寺挂单食宿。他们为了寻师访道，那种求法的虔诚又是怎样的情况呢？禅宗里有这么一则公案：

达摩祖师在嵩山少林寺面壁，当时有一位博览群书、善读玄理的神光，知道少林寺有一位来自天竺的高僧，便前往就教。但是好几天过去了，每次他来，达摩祖师瞧也不瞧一眼，更别说有只字词语的开示，想起古德那种为求道而敲骨取髓、刺血济饥、布发掩泥，甚至投崖饲虎的决心，神光决定彻夜站立，等候达摩祖师开示。十二月的大雪天里，神光独自默立于雪中，寒风刺骨，积雪深埋过膝，却仍动摇不了他求法的决心。达摩祖师知道他是法器，终于开口问他："你站那么久做什么？"

"向您求法啊！"

"无上妙道，需要旷劫修持各种难行难忍之行，哪里是轻心慢心就可以求得到？"

神光一听，立刻取出利剑自断左臂，表示自己求法的决心。

达摩祖师沉默了一会儿，问他："你要向我求什么法呢？"

神光说："我的心不安，请师父替我安心。"

达摩祖师说："好！你把心拿来，我替你安！"

达摩祖师笑着说："好！我已经替你安好了。"

神光恍然大悟。原来达摩祖师要他拿出心来，是让他发现自己的妄心，以唤起他直观自性，了悟真心。古代禅师为法忘躯的精神由此可见一斑。

或许有人会想，所谓的"恍然大悟"究竟是怎么一回事呢？以日常生活中一些浅显的例子来作譬喻：悟，好像是电光石火在刹那间迸出的火花，在那轰然乍现的一刻里，很多久远以前的人、事、物一下子都集中到眼前来，前尘旧事一点一滴都浮现脑海，时间、空间都不能阻碍他所感的这个悟。所以这一悟，他知道自己已不是一个个体，而是和宇宙万有休戚相关；他看到大家，也不会有你张某某、王某某、李某某的差别距离，芸芸众生与他都是一体的。我们所计较的功名富贵，我们所执着的人我是非，我们所懊恼的污辱诽谤，在禅者悟道的胸襟里，不过是一场人间儿戏罢了！

我们到韩国、日本的禅寺去参观，常可以看到许多年轻的和尚跪在寺院的门口，伏在衣单上。他们是在休息吗？不是！他们是在求法。到底要在那里跪多久，知客师才会接受他们挂单？一般大约是七天七夜，也就是要跪足七天七夜，知客师才肯跟他讲话，接他进去。

此外，在日本、韩国的禅寺，每天早上也可以看到许多年轻力壮的出家人，在那里擦地板，打扫水沟；他们都是各个大学毕业的学僧，必须到禅寺擦地板，打扫水沟，或每天出去托钵化缘，做一些修行的工作，经过一年的磨练，才能领到毕业证书。

我在栖霞寺受戒以后，也到各处去挂单。还记得在挂单的时候，可以说受了很多的责骂，很多的委屈。坐在那里，知客师来了，我先向他顶礼，他问："你从哪里来的？"

假如我用眼睛看着他说："我是从某某寺来的。"

用眼睛注视对方讲话，本来是很礼貌很正常的事，可是在丛林里，知客师父会大喝一声："眼睛收起来！看什么？这个地方什么东西是你的！"

有时候，他停下来坐在那里，大家都不讲话，这个场面很尴尬啊！我们只有报告知客师父，很想跟他说话；正要开口，他马上又是一声雷鸣："闭起口来！这里有你讲话的资格吗？"

为了要参学，要访道，光是这个挂单，就要很恭敬、很虔诚，磨尽我执法执，才能通过。有时知客师父会问："你到本寺来挂单，有什么供养吗？"

年轻的出家人没有钱，也没有东西，只有说："我只有身、口、意来供养你。"

他上来就给你几记耳光，这一记挨得很痛啊！忍不住就摸摸头，这个动作又得找挨骂了："摸什么头！你不是把你供养我吗？你的头已是我的了，还摸什么？"

现在的出家人很有福气，也很没有福气。在台湾，不论你到哪个寺院，还没挂单，大老远就有人招呼："噢！您来了呀，欢迎！欢迎！"跟过去真不能相比了。过去的禅者在挂单时，受尽种种委屈、种种严厉地考验，但是，他的道就在忍耐里慢慢成长，攒聚养深积厚的功夫。那个时候虽受委屈，却是很有福气。现代的出家人生活在众人欢迎、众人疼爱之中，欠缺我们当初的那种磨炼，未尝不是一种修道的损失。

挂单求法时，要守五条规矩：

1. 要有谦恭下意之心。

2. 要知道次第坐处，也就是懂得长幼进退，知道该坐哪里，知道自己的顺序在哪里。现在的一些青年们访师云游，常常连自己该坐在哪个位置都不晓得。

3. 不论说余事，就是不可以说参访求道以外的闲事杂话。

4. 要细心聆听。到外面参访游学，要多用耳朵注意听、注意看，把它融会铭记在心。

5. 要能信受奉行。

现在的青年学子们，有时候进步很慢，觉得考试好苦好难，主要是事前他没有好好地注意听，好好地用心复习……学佛的人也一样。所有的佛经开头第一句就是："如是我闻，一时佛在舍卫国祇树给孤独园……"最后一句是："欢喜踊跃，信受奉行"。有时不免慨叹学佛的人只有半部经，没有一部经，为什么？因为大家都能"如是我闻"，"信受奉行"却没有。

希望学佛的人，能够从头到尾，有"如是我闻"，也能有"信受奉行"。

三、入室接心的参访

入室接心的参访，是学禅者很重要的一课。如果能够跟老师心心相印，念念汇流，在那一刻意志的契合，精神的相融，心意的和谐交流是很宝贵的。

我们向老师参学，第一，要经常呈上我们参访学习的心得。第二，经常地审察自己学习的过程，把自己的见解给老师知道。第三，在公开的地方，要经常地求老师为自己印证，就是"我现在到什么程度了"。经过了前面的三个条件以后，才能单独地入室跟老师对谈。所以我们平常参禅、参学，都说"一定要明师指导"，没有明师指导，盲修瞎炼，难保不出差错。

当初，佛陀在灵山会上说法，一字不语，只拿了一朵花，大迦叶尊者会心一笑，佛陀就将正法眼藏嘱咐摩诃迦叶尊者。这个意思就是，佛陀和大迦叶尊者在那一刻接心了——心心相印啊！

两个相爱的人，有时还说这样一句话：换你心为我心，两心结同心。爱情是变幻无常的，爱情的心不容易接得起来；道是永恒不变的，真正用道来彼此接心，就等于现在好的电线和开关接合很好，不会短路出毛病。

六祖惠能在五祖弘忍那儿，经过了八个月的学习以后，根基沉稳了，五祖把他叫到自己的室内，为他印证讲说《金刚经》，说到"应无所住而生其心"，六祖豁然大悟，就说了这样的话：

何期自性，本自清净；

何期自性，本不生灭；

何期自性，本自具足；

何期自性，本无动摇；

何期自性，能生万法。

这一刹那，五祖和六祖接心了。

禅师们的接心，有时候也会话不投机，不容易彼此接心。像临济禅师参访黄檗禅师，一直不开悟，黄檗禅师就说："你的因缘不在我这里，你到大愚禅师那里去！"

宋朝时代，日本道元禅师到中国留学，当船在庆元港停泊时，一位年约 70 岁的老禅师上船来购买香菇。道元禅师很亲切地跟他招呼，言谈中知道老禅师名叫有静，是浙江阿育王寺的典座师父，于是就对他说道："禅师，天色已暗，您就不要急着赶回去，在我们船上过一宿，明天再回去吧。"

有静老禅师也非常有礼地回答道："谢谢您的好意，明天阿育王寺里正好煮面供养大众，今天特地出来买香菇，以便今晚带回，赶着明天应用，所以不方便在此过宿。"

道元禅师道："就算您不在寺里，难道就没有人代理吗？"

有静老禅师道："不，不能让人代理，这是我的职务，怎可轻易放弃或请人代理？何况我未曾获得外宿的同意，不能破坏僧团的清规。"

道元禅师道："您已是年高德劭的长者，为什么还要负责典座这种职务呢？应该安心坐禅，勤于读经呀！"

有静老禅师听后，开怀大笑，说道："年轻人，或许你还不了解何谓修行，请莫见怪，你是一个不懂禅心经语的人。"

道元禅师羞愧地问道："什么叫禅心经语？"

有静老禅师不做思索，立刻答道："一二三四五。"

道元禅师再问道："什么叫修行？"

有静老禅师咬字清楚地答道："六七八九十。"

道元禅师初到我国时，即遇到有静这位老禅和子，让他知道中国禅林里真是藏龙卧虎，一个煮饭的老者，禅风高峻，深不可测。

什么叫禅心经语？什么叫修行？有静老禅师回答的一二三四五、六七八九十，当然这不一定指的什么，也可以说"一即一切"，"一二三四五"还不够包括禅心经语吗？

在禅师的参访里，接心有六个原则：

1. 不得贪求玄妙的境界。

2. 不得将心等待觉悟。

3. 不要希求证得妙果。

4. 不可以有妄心，常常怀疑、挂虑。

5. 不可以有恐怖之心。

6. 要肯定自己"自心是佛"、"即心即佛"。

四、解脱自在的禅风

人们常常追求金钱名誉，为名利所苦，禅师则不受世间声色犬马的迷惑，因为在禅的宽阔天地里，上下四方都可以供他纵横驰骋，解脱自在。甚至于生死临头时，禅师们也有了脱的本能，有超越的力量。

例如德普禅师有很多门徒弟子，有一天，他把所有门徒全召齐了，问大家："我死了以后，你们怎么样待我啊？"

弟子们立刻热烈表示："我们会以丰盛的果物来祭拜，开追悼会、写挽联啊！"

师父说："哎！我都死了，你们祭我、拜我，我又看不到，吃不到，有什么意思；不如趁我还活着的时候，你们先郑重祭奠我、礼拜我，让我实实在在大吃一顿，等我吃完以后再死，好不好？"

弟子们面面相觑，觉得不可思议。

"还有，我死了以后，你们怎么替我布置灵堂啊？是不是也可以先布置起来，让我看着高兴？"

弟子们为了恭敬孝顺，于是赶快布置鲜花灵堂，准备了珍馐美味来祭拜，德普禅师吃完了以后说："喂！喂！喂！祭文还没读啊！"

弟子们赶紧再来一段祭文："呜呼……呜呼哀哉！尚飨！"

德普禅师吃饱喝足，很高兴，就说："很真实！很好！我很满足，明天中午我就死给你们看。"

到了第二天中午，他真的就悠悠坐化了。

还有一位性空禅师，从他一首临终偈语，我们可以看到他解脱自在的禅风。他说：

坐脱立亡，不若水葬，

一省柴火，二省开圹。

意思是说，不论打坐去世或者站着死，都没有什么了不起，不如水葬来得好。为什么呢？因为死了用火烧，还得花一笔柴薪费；如果用土葬，也得挖坑埋，太麻烦了！所以还是在水里面死最简单省事。

撒手便行，不妨快畅，

谁是知音，船子和尚。

撒手便行，这是多么逍遥自在啊！谁是我的知音呢？恐怕只有船子和尚了。结尾的两句是：

高风难继百千年，

一曲渔歌少人唱。

后来他做了一个木盆，在盆里挖了一个洞，自己坐到盆里头，摇到江心时，拔起洞里的塞子，人与盆就沉没了。

他这样自我解脱不是自杀，活得不耐烦的人才要自杀。禅师们面对死亡，是那么洒脱，那么欢喜，那么自在，对生死都这么轻松，视如儿戏，其他荣辱毁誉，又算得了什么呢？

有名的大梅法常禅师，有一首诗偈叙述他的生活：

一池荷叶衣无尽，数树松花食有余；

刚被世人知住处，又移茅舍入深居。

池塘里的荷叶是他穿不了的衣服，树上的松花是他吃不了的东西，刚刚被人发现自己的住处，唉！嫌烦了，又将茅舍再搬到深山里去。为什么？因为大自然的生活已经享用不尽了，世事浮云，对世间还要求什么呢！

"平常一样窗前月，才有梅花便不同"，"心中有事天下小，心中无事一床宽"，有了禅，大千世界都是我们的禅床，何愁居处不宽绰呢？做工有工禅，务农有农禅，治学有学禅……禅不是专属出家人，禅是属于大家共有的，但愿每一个人都能拥有禅心、体会禅味。

1984 年 11 月 16 日讲于高雄中正文化中心

从风趣洒脱谈禅宗的人物

禅，不能从世相世智上去看，要透过本质实相了解。
禅师们在日常弘法利生时，
一举手，一投足，行住坐卧之间，
往往很洒脱自在地呈现了人生的真义。

现代生活愈是忙碌，人生愈是动荡，禅在我们生活里，愈显得格外重要。究竟什么是禅呢？禅就是我们自己，就是我们的心，是人生的放旷，是生活的幽默，是一种直觉，一片定慧；禅不在多言，不在世俗文教经典中，没有你我凡圣的差别，禅就是一种光芒、一片灵犀。

不分出家在家，假如每个人生活里都能有那么一点禅味，生活就会不一样。所谓"莲花开水面，亭亭出污泥"，禅就像出淤泥而不染的莲花，在任何污浊的生活环境里，都能有清净素雅的心田，"悟则三身佛，迷疑万卷经"，有没有禅，差别是很大的。

过去禅宗的人物，有的风趣洒脱，有的幽默自在，有的持重严厉。像有名的六祖大师，隐藏在猎人群中 15 年，随宜说法，他为什么能如此的坚忍持重？因为生活里有了禅，就有力量，可以随忍随住。

像汾阳禅师，皇帝八次召见，他都不去，再高的荣耀也不动心，为什么？有了禅，死生忧乐不能移，世间万物在他心目中都很渺小了。

南泉禅师混迹樵牧群中，日日打柴、砍树、自筑禅斋，三十余载不下山，为什么？拥有了禅，就拥有宇宙，大千归宿在怀抱，一切风光现眼前，何必再到什么地方去呢？

禅是无你、无我、无圣、无凡，更没有贵贱的差别。为了悟道，有时禅师的修持方式是很严格的。像二祖慧可，为了向达摩初祖请法，苦立至积雪封膝，还不惜自断一臂，以表示为法忘形的决心。百丈禅师被他的师父马祖大喝一声，耳朵聋了三天，领悟了三天的狮子吼。俱胝和尚在有人问道的时候，不多言语，只竖一指，侍者也学和尚竖一指向人说法，结果被俱胝拦指一剪，把虚有表相的指头给剪断，指头断了，侍者也开悟了。云门禅师要出门时，右脚已跨出门槛，左脚还在里面，没想到师父却趁机用力把门一关，这一夹，腿断了，痛彻肺腑之余，也悟到了里外一如的道理。

为了参禅，禅师们严厉的精神实在超乎想象。他们的教化方式，有的很神奇怪异，有的则是幽默自然，有时故意让你受种种委屈、种种的伤害、种种的侮辱；千折万磨，把你的思想、内心逼得走投无路，走到绝望的时候，忽然一悟，峰回路转，真是别有洞天福地。禅的秘意，就在生活日用中，端看我们如何在心田上体悟、受用。

在此，将禅门里一些风趣洒脱的人物，他们参禅生活的点点滴滴，叙述于后。

一、从游戏神通来谈禅宗的风趣洒脱

禅师们因为有了禅，从禅来游戏人间，表现智慧。他们的风趣洒脱，常常透过游戏和神通的方式呈现，带给我们意想不到的感悟。

云升禅师和坦山禅师是师兄弟，坦山禅师是一个不正经的出家人。信徒们都恭敬云升禅师有学问、有道德、有修养；对坦山禅师的不够庄严则摇头叹息，不愿理睬。有一天，坦山禅师买了很多鱼肉下酒，正在屋里吃吃喝喝的时候，云升禅师从门口经过，坦山禅师一见，赶紧招呼："师兄，来吧！吃一杯酒如何？"

云升禅师一看，非常生气，骂道："你啊！真是没出息，已经是什么身份了，还吃酒？我可是严守戒律滴酒不沾的。"

坦山禅师一笑，说道："连酒都不会吃，实在不像个人。"

云升禅师一听，沉下脸责问："身披袈裟，吃酒已属犯戒，你还骂我？"

坦山禅师笑嘻嘻地应道："我什么时候骂你了？"

"你刚刚骂我不像个人。"

"你当然不像个人啊！"

云升禅师忍住怒气，追问："那我像什么？"

坦山禅师放下酒食，坦然说道："你像一尊佛祖啊！"

禅师们总是用出乎意料的一句话，解决很艰难尴尬的局面。禅，是人生的润滑剂，透过游戏言行，能使生活现出一片幽默的风光。

中国佛教史上，道教道士常和佛教法师辩论斗法。有一次，一

个道士向法印禅师挑战，道士趾高气扬地说："你们佛教怎样高超都比不上我们道教，佛教讲到最高都是'一'，一心，一真法界，我们道教讲的都是'二'，绝对胜过你们的'一'。比如讲'乾坤'、讲'阴阳'，都是'二'，胜过你们的一心、一真法界。"

法印禅师笑着问："真的吗？你们的'二'，真能胜过我们的'一'吗？"

道士信心十足，夸口说："只要你们说'一'，我就能'二'，一定可以压倒你们。"

法印禅师慢悠悠把一条腿那么一竖，望着道士说："请你把两只腿竖起来。"

千种难题，万般困扰，禅师一句简单的话，便让他哑口无言。禅，不是卖弄，而是自在自如，假如能心游禅海之中，那么人生处处都是转机，时时皆含妙意。

有一位将军，向大慧宗杲禅师要求出家，一再恳请："我早已看破红尘，请禅师慈悲，收留我出家。"

禅师语重心长地回答："你还有妻子，有家庭，社会习气也太重，还不能出家，慢慢再说吧。"

这位将军苦苦请求："师父，我现在什么都能放下，妻儿家庭我都能放下了，你即刻收我出家吧！"

禅师还是摇头："慢慢再说，慢慢再说。"

有一天，将军很早来到寺庙拜佛，表示很虔诚。大慧宗杲禅师见到了，有意点拨他，就问："将军，为何这么早起来拜佛呢？"

将军把胸一挺，威风凛凛地说："我为除却心头火，特别起早礼世尊。"

大慧宗杲禅师笑嘻嘻问道："这么早出门，不怕妻子偷人吗？"

将军一听，怒气勃然而生，很不高兴地指斥："你这老怪物，怎么讲话这么伤人呢？"

大慧宗杲禅师哈哈笑道："我才轻轻一拨搧，你的炉火就燃烧了，瞋恚心这么重，怎能出家呢？"

参禅求道，就是要身心放下，以平常心随缘放旷，道在生活里自然呈现，这就是禅师们风趣洒脱的特色。

有一次，信徒问一休禅师："师父，您什么法号不好取，为什么要叫一休呢？"

一休禅师就说了："一休万事休，有什么不好呢？"

信徒一听，颇觉有理："不错！不错！一休万事休，很好！"

一休禅师眨眨眼，摇摇头，说道："一休不好，要二休才好。"

"二休怎么好呢？"

"这个二休嘛，就是生要休，死也要休。生死一起休才能解脱；烦恼要休，涅槃也要休，烦恼涅槃一起休，二休最好。"

信徒一听，非常赞同，连声叫好："不错！不错！二休比较好。"

一休禅师白眼一翻，又摇头了："二休不好，三休才好呀。"

信徒觉得奇怪，追问说："三休怎么好？"

"你老婆今天跟你吵架，像个母老虎，最好是休妻。"

一休禅师板着脸继续说："做官常常要奉承逢迎，也很辛苦，最好休官。社会上谤议丛生，唇枪舌剑也很累，最好休争。能够休妻、休官、休争，三休岂非最快乐。"

信徒一听，击掌称妙，更是大点其头："不错！不错！三休的确好。"

一休禅师脸色一正，大摇其头："四休更好。"

信徒一愣："四休怎么好啊？"

"酒、色、财、气，四样孽障一起休最好！"

望着一休禅师的庄严神色，信徒衷心悦服，顶礼说："四休实在好！实在好！"

一休禅师却又微笑起来，摇摇头："四休不好，最好五休。"

"哪五休？"

"人生最苦就是为了无底海这张嘴。"一休禅师张嘴伸舌示意："要吃饭，要工作，为一口饭奔波忙碌，受种种苦，假如五脏庙一休，不就众苦皆休，通通都没事了吗？"

在禅宗的宝典里，像禅师这种风趣洒脱的游戏教化公案实在很多。禅师讲说佛法，不但契机化导，言语游戏之间，另开方便神通法门，把诸佛菩萨的至理妙道阐发于无形。

二、从生老病死来谈禅宗的风趣洒脱

有了禅，生活就别有洞天，连生死的风光都不一样了。以下列举几个禅师对生老病死自在洒脱的公案——

有一个信徒问赵州禅师："师父，您 80 岁了还在参禅、打坐、行脚，这样的修行实在少有。请问您百年以后，会往生到哪里？"

赵州禅师立刻回答："我死后当然到地狱里。"

信徒听了，半信半疑："师父，像您这样大修行的人，死后怎会到地狱呢？"

赵州禅师慈眉善目地看着他说："我若不到地狱，谁来度你这种人呢？"

从另一个角度来看：禅师愿意到地狱，跟你受苦受难，帮你得度，这是何等宽敞的胸襟？连生死都可以置之度外，懂得禅，真是任运自在。

有一天，临济禅师带着普化禅师到信徒家里接受供养，结果普化禅师把饭菜打翻了两次。到信徒家做客，把饭打翻了，这是非常不礼貌的事。所以临济禅师就对他说："你不要这样粗心。"

普化禅师故意做出吃惊的样子说："咦！师父，你的佛法还有粗细吗？"

临济禅师当着信徒的面，不便因示法而冷落主人，只好无可奈何地说："唉！你实在像一头牛。"

普化禅师立刻学牯牛叫："哞！哞！"

临济禅师笑骂他："像个贼！"

普化禅师又赶快圈嘴喊："来抓贼噢！抓贼噢！"

禅师们在生活中谈禅，你一言我一语，看似平凡，佛道却在风趣中显现。忽人忽牛忽贼，超越了时空的限制，甚至拿生老病死开玩笑，这样不着重外在形式的修持，也是禅师洒脱的特长。

有一次，道吾禅师带着弟子渐源，到信徒家为亡者诵经超度。

渐源敲着棺木，问师父："棺木里的人，是生？是死？"

"不说生，不说死。"

"为什么不说？"渐源疑惑地问。

道吾禅师回答："不说就是不说。"

在回寺途中，渐源道："师父如果不说，以后我就不去檀家诵经。"

道吾禅师说："不去就不去，我就是不说。"

渐源真的从此就不去为人诵经超度。

后来，道吾禅师圆寂后，渐源到石霜禅师的道场参学。一日，渐源以相同的话问石霜禅师。

石霜禅师说："不说生，不说死。"

渐源问："为什么不说？"

石霜禅师说："不说就是不说。"

渐源这时终于在言下大悟。

生死、轮回，这是就事相上而言，其实我们的真如本性，又哪有生死之分呢？棺材里的人，从有为法的体相上说，有生有死，若从无为法的自性说，就无生无死。人的身体可死，佛性却不会死呀。

一般人常把苦乐、生死分开来讲，认为生是快乐，死是悲伤。事实上，快乐也好，痛苦也好，生也好，死也好，一切都是因缘使然，常人如能认清这一点，当下承担，那么生死都是一样。

然而，世人多半颠倒妄想，贪瞋痴妄习气太重，活着的时候，住宿要高楼别墅、华屋美厦，吃穿要锦衣玉食、绫罗绸缎，生活喜好奢侈享受，生也放不下，死也放不下。反观禅师一衣一衲一钵度终生，不以物喜，不以己悲，悠游一世，死后化骨扬灰，乘愿去来，就是这么洒脱自在。面临生老病死，禅师永远只有洒脱的呼声。

三、从荣辱毁誉来谈禅宗的风趣洒脱

荣辱毁誉，对禅师来说，是精进的道粮，是逆增上缘。

我们尊贵的教主佛陀，当初在世的时候，也常受种种的侮辱、陷害。像提婆达多一再派人行刺佛陀，鸯掘摩罗屡次要杀害佛陀，连外道的婆罗门都千方百计想陷害佛陀。有一天，佛陀正在宝座

上讲经说法时，一个女人挺着大肚子走进来，招摇叫嚷着说："喂！释迦，你不要光会讲经，我们的孩子怎么解决啊？"

大众听了，都惊讶万分地望着佛陀。座中神通第一的目犍连尊者，他运用神通把这个女人肚子上系的带子拆断，只听几声"咯咯咯"，一个小木盆子咕咚咕咚滚出来，于是真相大白。

当那女人公然诬告佛陀的时候，佛陀没有气愤不平；女人的阴谋被拆穿了，佛陀也没有得意。禅师的心即是如此皎洁如月，沉稳如山，毒箭恶语伤毁不了，毁誉荣辱动摇不了。禅师安住在定慧一如的禅境中，精进菩提道，是"八风吹不动"的。

有一天，大道禅师在客堂接待信众时，一个30多岁的妇女来请他开示佛法，和大道禅师讨论完就走了。她回去以后，大道禅师发现椅旁有个坛子摆在那儿，这是什么？大道禅师想了想，大概是那位太太她家人的灵骨坛，放着忘记拿回去了。大道禅师赶快替它设香案，上香供菜又诵经超度，心里想：大概过几天她会来拿。

三五天过了，都没有人来拿。三个月以后，大道禅师就写一封信给她："太太，您记得吧？那天您到我们寺里来，我没有好好招待您，您遗留了一件东西在此，有时间请来把它捧回去好不好？"

大道禅师很慈悲，怕那位太太伤心，不明指是骨灰坛。可是那个妇女收到信，却另有误会："这寺里的和尚真不正经，我拜访他一次，他就借故和我攀缘，又叫我再去，这和尚用心暧昧，我才不上当呢！"

一番绘声绘影的，好像真有这回事一样，她逢人就张扬："寺里的和尚居心不良呀！居然对我不安好心呢！"

有位信徒听到了，劝她："你不能这样乱讲，师父是很有修行的。"

"我哪里是冤枉他,我有情书可作证明!"

信徒就向大道禅师查询是否真有其事?大道禅师一听,大为吃惊:"有这样的事?她的坛子确实在这里呀!"

"坛子里面是什么东西?"

"我没有打开过。"

信徒基于义愤,把坛子打开一看:"师父!是一罐豆瓣酱啦!"

大道禅师哑然失笑,无奈地把手一摊,说:"是我愚痴!竟然拜了几个月的豆瓣酱。"

其实,大道禅师并不愚痴,一坛豆瓣酱,在他心里却是庄严的化身。是佛祖,是清净、明亮、无瑕、尊贵的心。而那个妇女呢?因为她没有禅心、好心,不能领受禅师的慈悲,反而染上无明烦恼、地狱、恶鬼的念头。心地肮脏的人,再慈悲的禅意,都会污染成为肮脏的垃圾。而禅师则自在无碍,不会被这些无明烦恼、荣辱沾染。

普现禅师有一次行脚参访,经过小镇街上,一个女人倚楼向禅师呼叫:"喂!和尚上来噢!上来噢!"

普现禅师听见人家叫唤,以为有事求告,就上去了。到了楼上一看,这地方不大对劲,好像是个烟花酒家。禅师叹一口气,心想:"一生都在参禅的人,怕什么?"

把毁誉得失的心都放下了,禅师也不管女人的低俗和环境的喧闹,自顾自挑了个角落打坐,一更、二更、三更过去了,那女人看禅师久无动静,实在忍耐不住,就推推禅师说:"喂!和尚!睡觉了。"

普现禅师一副老僧入定的模样,眼睛睁都不睁地说:"睡觉是你的特长,打坐是我的特长。"

禅师依然静坐不动。女人一看自讨没趣，只好自己先睡了。

第二天早上，老板来收钱，禅师还是忍耐包容："多少钱？"

老板粗声说："400 元啦！"

禅师默默拿出 500 元付给他。找了 100 元，那女人伸手过来抢，嘴里叫道："这 100 元给我吧！"

普现禅师面容一正，用低沉的声调说道："你如此堕落，我从昨天到今天，都尊重你的人格，现在你连这 100 元也贪心想要，真是业障！出卖身体也罢了，连灵魂也污染不堪，你这样还像个人吗？"

这个女人被普现禅师一教训，深感惭愧，很不好意思的把 100 元拿出来："还给你。"

普现禅师并不接下，又推回去，叹息道："给你吧，你的人生价值也只有这么多。"

禅师不是心疼那 100 元，而是为那女人自甘堕落，不懂得自尊、自爱而生气。禅者能自尊自重、定慧观照，纵然在最恶劣的环境中也能洒脱自如，不失庄严。因为有了禅，就有智慧观照，能看透随着荣辱毁誉而来的欣喜与厌恶，而一切无所系念与执着，自然能走出一片清明洒脱的天空，这也是禅者参禅求道的高远境界。

四、从弘法利生来谈禅宗的风趣洒脱

禅师们弘法利生，是慈悲与道德并施，在应机教化之间，大有一片巧妙风光。

有一位诚拙禅师，皇上敬重他的道德风范，送给他一块匾额。皇上赐匾不能乱放，禅师想了想，只得赶快建个山门悬挂。为了建山门，只好向信徒化缘。有位富有的信徒，慷慨捐出了 500 两银子，拿给诚拙禅师时，特别提醒说："这是五百两银子哟！"

诚拙禅师点头致谢："好，好。"

大财主看禅师没什么反应，以为是自己声音太小，禅师没听清楚，就高声重述一次："师父，这是五百两银子啊！"

诚拙禅师依旧点头致谢："好，好。"

大财主终于无法再忍耐了，大声说道："师父！我们赚钱也不容易啊！五百两银子给你，怎么你一句赞美的话都没有？"

诚拙禅师依然一语不发，站起来往大雄宝殿走去。信徒生气的随后追赶过来，开口就骂："岂有此理！五百两银子不是小数目耶！怎么谢都不谢呢？"

诚拙禅师走到大雄宝殿门口，向着佛祖一礼说："佛祖啊！他五百两银子捐给您，他要我来说谢谢。"

禅师作侧耳倾听状，又点点头，回头对信徒说："好，谢谢你！你把谢谢带回去吧！我们银货两讫。"

诚拙禅师就是这样潇洒。你捐献，我替你代办佛事，又何必要我来谢谢？一讲"谢谢"，不就银货两讫了吗？现在的人，常常布施有相，不懂得无相布施，有些人虽然努力做无相布施，可是也做得不大好。比方说：捐了一万元，自认是无相布施，不要名，只要写个无名氏就好了。可是逢人却张扬说："你看！你看！捐一万元的无名氏就是我啦！"这种不要名的无名氏，实在是更要名，要"无名英雄"这更高的名。像诚拙禅师用银货两讫来指点信徒，需用无相来布施，其意义非常深奥。

有一次，仙崖禅师走在街上，见到一对夫妻吵架，太太当街对丈夫叫骂："你哪里像个男人？没出息！"

男人气冲冲地恐吓："你再讲！你再讲！再讲我就打你！"

"你打！你打！你就是不像男人！"

男人一个箭步冲上去，啪！一个耳光打过去。仙崖禅师立刻高声叫喊："来看哦！来看哦！看斗鸡要钱，斗蟋蟀要买票，斗牛斗狗都要票，来看哦，免费欣赏斗人哦！"

这一喊，惊动了半条街的路人，纷纷好奇地围拢来看，那夫妻俩就吵得更凶了，男的跳脚大骂："你再说！再说就杀了你！"

女的狠狠地破口大骂："你杀啊！你杀啊！"

仙崖禅师更加大声宣传："精彩！精彩！现在要杀人了，精彩噢！要杀人了噢！"

看热闹的人里面，终于有人忍耐不住了，站出来问："和尚，穷嚷嚷什么？人家夫妻吵架，你不劝架也罢了，怎么幸灾乐祸呢？"

仙崖禅师摆摆手："不是幸灾乐祸，他们死了以后，我好替他们念经。"

这个看热闹的人就和仙崖吵起架来，这时众人的注意力转向，那对夫妻也休战了，一起围过来看热闹："他们吵什么？"

仙崖禅师看他们夫妻不吵架了，就对他们开示："我有几句话奉献给你们：再厚的冰块，太阳出来也会融化；再生硬的饭菜，熊熊的烈火也会煮熟。夫妻彼此要像太阳温暖对方，要像一把火，热热地融化对方，让对方成熟，互相敬重才好。"

禅师在世间弘法利生，往往三言两语就可以发人深省。禅，就是这样风趣、自在。

有一位信徒做生意倒闭了，来向一休禅师道别："师父，我负债倒闭，这里不能住了，我准备远走高飞。"

一休禅师问："你欠人的债，要还啊！还清了再走。"

"我没力量还啊！"

"叫儿子还。"

"我没儿子。"

"叫女儿还。"

"女儿怎么有钱？"

"女儿嫁个金龟婿，不就有钱了吗？"

"我女儿才 8 岁，怎能嫁人呢？"

"谁说 8 岁不能嫁人？嫁给我好了。"

"师父开玩笑，出家人怎么可以娶妻？"

"这样我才能替你还债啊！"

信徒看一休禅师一本正经的样子，实在没有法子，只好将信将疑地问："你怎样娶我的女儿呢？"

"你回去发请帖，说某月某日一休要娶你的女儿、做你的女婿，欢迎大家来观礼祝贺。"

信徒无奈，回去照做了。结果到了那天，大家都好奇地来看究竟怎么一回事。不料，一休禅师却当场写字作画，由于一休的书法是十分有名的，因此大家争相收购，纷纷请他题字。这样一来，很快就赚了不少钱。到了晚上，一休禅师问信徒："今天卖字画的钱，够不够还债呀？"

信徒数数，除了还债，还剩很多，一休禅师很欣慰地说："好了，你不必躲债逃亡了，我也不做你的女婿了。"

禅师处理事情多么风趣啊！

还有另外一段公案，也可以看出一休禅师的机智洒脱——

有一天，信徒送给一休禅师的师父一瓶很甜很香的醇蜜。师父急着出门，又怕这瓶蜜被吃掉，就把一休叫来，叮咛道："一休，这是一瓶毒药，千万不能随便碰，你好好看家。"

一休年纪虽小，却很灵巧，师父前脚一走，一休就把一瓶蜜吃掉了，又不小心把师父心爱的花瓶打破。师父回来后，看到满地碎片，惊问道："好大胆！谁打破了我心爱的花瓶？"

一休流着泪上前自首："师父，是我啦，我不小心把花瓶打破了，知道师父很喜欢它，自觉罪孽深重，没脸向师父忏悔，就把那瓶毒药喝掉了，打算自杀谢罪。"

这样的谢罪法，使人哑巴吃黄连，真正哭笑不得。

有一位信徒来找乐善禅师，问道："禅师，我太太悭贪不舍。请你慈悲为她开示好吗？"

禅师答应了。见到这位太太，就举起一个拳头说："你看我的手天天都是这样，不知怎么回事？"

那位太太说："这是畸形的毛病。"

禅师把手张开，又问："假如天天这样呢？"

"也是畸形！"

禅师伸手指着她说："太太，你把钱赚进来，而不知布施出去，也是畸形。钱，要懂得运用，要像流水一样流通，能出才能进。"

在禅师的教示下，许多做人处事的道理，忽然明晰起来了。

过去参学的人到寺庙挂单，要和住持和尚论道，赢了才可以挂单。有一次住持身体不适，不得已只好找瞎了一只眼的师弟庖代，和尚交代他："师弟，今天请你替我跟挂单的人对话。"

师弟连忙推辞："不行呀！我不会说话呀！"

住持安慰他："不讲话最好。"

不久，对方来了，师弟就坐在那里不讲话，对方伸出一根指头，他就伸出两根指头，对方比三个指头，师弟就举起一只拳头，最后那人说："输了！我输了！"不挂单就离去了。

有人好奇，问这个人到底是怎么输的？他说："我跟他比一根指头，表示大觉世尊，人天无二，唯我独尊。他用两根指头驳我：佛法虽二，二而不一。我举三根指头，意指佛法僧三宝一体，团结一致，佛法长存。他却大大咧咧举个拳头表示：不谈空话，空有一体，圆融一致。每次他都比我有理，我怎么能不输呢？"

这一边，住持听说挂单的人走了，就问师弟："你怎么打发那人走的？"

这个师弟气冲冲地说："那人存心不正，一来就伸出一指，骂我独眼龙，只有一个眼睛；我尊敬他是客人，勉强竖起两根指头，称赞他有两个眼睛很幸福。没想到他竟又竖三个指头，嘲笑我们两人一共三只眼，我气得握起拳头来要揍他，他就吓跑了！"

有时候，是佛法的，不是佛法；不是佛法的，是佛法。禅不只是闭眼打坐，禅是无所不在的。有时候看似离禅很远，不是禅法，甚至打你、骂你，虽然奇形怪状，却能把禅的味道显露出来。

如同微风是风，台风也是风，松树是树，柳树也是树；禅，不能从世相世智上去看，要透过本质实相了解。禅师们在日常弘法利生时，一举手，一投足，行住坐卧之间，往往很洒脱自在地呈现了人生的真义。

1985 年 5 月 12 日讲于台北"国父纪念馆"

从教学守道谈禅宗的特色

禅不是出家人专用，更不是在家佛教徒独享，
无论是信仰还是不信仰宗教，
任何人都可以参禅，禅是普及大众的。

"禅和我们究竟有什么关系？""了解实践以后，究竟有什么利益？"事实上，如果能了解禅，我们的生活烦恼会减少，对事情的看法不会颠倒，很多矛盾、差别的现象也可以统一起来。有了禅以后，一身如云水，悠悠任来去，穷也好、富也好，有也好、无也好，透视梦幻空花的尘世，得到大解脱自在。有了禅，心中就有定、有力量，连生死都不畏惧，禅，是凌驾于一切之上了。

禅不是出家人专用，更不是在家佛教徒独享，无论是信仰还是不信仰宗教，任何人都可以参禅，禅是普及大众的。

有一次，梁武帝请有名的傅大士讲经，他上了台，抚尺一拍，即下座。素有神通的宝志禅师立刻提醒梁武帝："傅大士已把《金刚经》讲完了。"

禅就是这样，最好的说法，最究竟的语言，就是"抚尺一拍"；虽是不讲，却一切都已讲了。此即是"一身原不动，万境自虚陈"的妙

高禅境。

还有一次傅大士讲经，梁武帝圣驾亲临，大家都恭谨地站起来迎接，傅大士却稳如泰山地坐着不动，有人急急催促道："皇上驾到了，还不快快站起来！"

傅大士一笑，说道："法地若动，一切不安。"

在禅法之前，天下的权位财势、世间的荣华富贵都显得藐小了。

另一次，傅大士头戴道冠，身披袈裟，脚跟儒鞋出现。梁武帝一看，十分错愕地指着他的帽子问："你是道士吗？"

傅大士指着袈裟说："不是！我是和尚穿袈裟。"

"你是出家和尚吗？"

傅大士又指指脚下："你看！"

"是儒鞋，你是儒士吗？"

傅大士摇摇手，往上指着头问："你看，我是什么？"

道冠、儒鞋、佛袈裟，合三家为一家，意思是：禅，是包容一切，禅不是隐居深山老和尚的专利，禅是儒、释、道三教九流社会大众每一个人都需要的。

提到教学，禅门是很讲究师徒相传和悟解的。禅宗的教学和现在的社会教育方法不大一样，以下列举几点不同处：

1. 沉默法：现在社会上，无论是家长或老师都提倡爱语的教育，用温言软语开导。禅师们常常不用语言，沉默相对，一默一声雷，在宁静悠远中气象万千，比任何语言还要响，还要多。

2. 棒喝法：一般教育提倡爱心的教学，苦口婆心的教授。禅门提倡棒喝，一声霹雳破除黑暗无明，照见自性真情。像"马祖一喝，百丈耳聋三日"，像黄檗禅师和临济禅师的"道得也三十棒，道不得也三十棒"，都是棒喝式教育法。

3. 问难法：现在的教育提倡启发式教育，一步步引导。禅门讲究问难、机辩的追究，一改被动启发为主动探求。

4. 劳苦法：现代教育讲究有安静的读书环境，在宁谧幽雅的气氛中学习，禅门却不只要在安静中受教育，更提倡在劳动、劳苦中参学。所以搬柴、运水是参禅，推磨、舂米也是参禅，砍柴、挑担无一不是参禅，从劳苦里面慢慢体会禅的意义，品尝禅的法味。

在这样的教学方式下，阐发了禅的意蕴：饮一水一冷暖，跌一跤一苦乐；自身疾苦自身担，自家宝藏自家知。

以下将禅宗教学守道的特色分为四点来说明。

一、从肯定自我来谈禅宗的教学守道

禅门，讲究不被人牵着鼻子走，不能东风吹西边倒，西风吹东边倒，一点自我的主张都没有，必须自我肯定："丈夫自有冲天志，不向如来行处行。"这就是禅师自我肯定的特色。

南隐禅师的禅法名望很高。有一次，一位居士心里不服气，来找南隐禅师辩论禅学。两人见面后，南隐禅师一言不发，拿了茶壶倒茶请他喝。茶注满了，南隐禅师没有停止，仍然不停地倒……这位居士终于按捺不住，叫道："禅师，茶溢出来了，不要倒啦！"

南隐禅师这才开口，微笑说道："你心里的杯子这样自满，我的禅法怎么能装得进去呢？"

在禅门里，肯定自我是一种本心自明，不是自满。

有一位学者问禅师："佛在哪里？"

佛在哪里？佛在西方极乐世界？在东方琉璃世界？其实，佛无所不在，"佛在灵山莫远求，灵山只在汝心头"。

有人问禅师："佛是什么？"

禅师望着他，把手一摊，说："我不敢告诉你，因为你不会相信的。"

"你的话很有权威，我哪敢不相信呢？"

禅师点点头说："你刚才问什么？再问一次。"

"我问什么是佛？"

"你，就是佛。"

"我只是一个凡夫，怎么可能是佛呢？"

在禅门里肯定自我，是一种移情化性，让自己做个佛菩萨，而不巧立名目，戴高帽子，所以自我肯定最重要的是："如何知道我是佛呢？"

禅师的回答是："一翳在眼，犹如空花；但离妄缘，即如如佛。"

眼睛长了眼翳，则所见犹如空花一般，看不清楚真实的形体，若能把心里的妄想妄缘统统卸下来，真心现前，那就是我们自己的如来佛了。

佛教教人守道，是在妄念上修行。有人问惟宽禅师："道在何处？"

惟宽禅师回答："道，只在眼前。"

"我怎么没有见到呢？"

"你执着自己，所以见不到。"

"我有执着，不能见道，不能见真理。禅师，你见道、见真理了吗？"

"有你我的执意分别，更加不能见道啦。"

"假如没有你我的分别，无我想，无人想，是不是就能见到道、见到真理了呢？"

"无我无你，谁来见道？ 谁见真理？"

我们常说要修行、修道，道在哪里？ 道就在我们脚下，要自己去走，摆脱个人的见识，用宇宙永恒的眼光来看待一切。禅的教学守道方式很独特，肯定有，不对；讲无，也不是。空、有都非究竟，禅是要非空非有，离形去智，息尽妄缘的。禅要两头共截断，一剑倚天寒。

自我肯定，当下承担，是禅者证验、修持登上光明藏的妙阶。

南泉禅师问陆亘大夫一个问题："有人在瓶里养了一只鹅，鹅在瓶内渐渐长大，瓶口很小，鹅出不来了。如果不得毁瓶，不可伤鹅，怎样才能让鹅出来？"

不把瓶弄破，鹅怎么出来？ 陆亘大夫蹙着眉走来走去，左思右想不得其解。这一思维就落入有想有分别的窠臼，就不是禅了。禅是当下承担的，所以南泉禅师随即叫了一声："陆亘！"

陆亘大夫随声回应："有！"

南泉禅师笑呵呵道："这不是出来了吗？"

我们的心为什么像鹅一样被束缚起来？ 我们的身体，我们的家，可以给我们安住吗？ 我们的心只要洒脱一点，开阔一点，就能跳出瓶口，走出象牙塔，何必自我束缚在生活里面？ 何苦拘泥于身躯之间？ 所以禅师闭关，关房虽小，心却宽如法界，来去无碍。假如牢狱里面的犯人也懂得禅，虽然身体被禁锢，失去自由，心仍可自由飞翔。然而这种自我肯定的自由，不单在牢狱里的人不易体悟，一般人也难以获得。禅的本来面目是不垢不净、不增不减的。求道要像云水般自然，不必刻意向外营求，重要的是自我肯定，往内用心，心清净了，禅道便自然呈现。

有弟子问云门禅师："世间有三种病人：瞎子、聋子、哑巴，我怎样教他们学禅呢？"

云门禅师即刻喝斥："既来请益，为何见而不拜？"

弟子赶忙就地一拜，刚抬起头，云门禅师挥起拄杖就打。弟子大惊，向后急退，云门禅师哈哈大笑道："你没有瞎嘛！不要怕，来！到前面来。"

弟子惊魂甫定，依言向前走了两步。云门又笑道："你听得到，没有聋呀！"

举起拂尘，"你会吗？"

弟子应声说："不会。"

云门禅师又哈哈大笑道："你不是哑巴嘛！"

我们的眼、耳、鼻、舌、身，都害病了，有眼不能视，有耳不能闻，有口不能言，有身不会养，都是由于心灵迷昧，终成盲聋瘖哑。云门禅师以快刀斩妄识的教法，揭示朗朗乾坤的心地。现代人五官健全，生活安康，却因心地蒙昧而自寻烦恼。许多父母千方百计把儿女送到美国读书，放不下心，又想尽方法到美国探望。到了美国之后才发现，可以说是个六根不全的人——讲英语，听不懂，是个聋子；看英文，看不通，像个瞎子；开口不会说，像个哑子；出门不会开车，成了跛子；儿媳生了小孩，要替他们照顾孩子，年少养儿老养孙，又成了孝子，有人称这为"新五子登科"。不懂禅，生活里增加了多少痛苦！

　　很多人被无明覆盖，不知返观自照，不知运用自性宝藏，反而以眼、耳、鼻、舌、身、意六识攀缘虚妄不实的幻境，当然不能安住。《金刚经》云："不应住色生心，不应住声香味触法生心，应无所住而生其心。"实在蕴含很深奥的意义。

　　禅师寂灭外缘，对境不起憎爱，朝向肯定的大道精进，声光幻影迷惑不了禅师的心，他的心常住于清净中，如实地办道。

　　石屋禅师有一个朋友，是一个小偷，恶习难改。有一次，他偷石屋禅师的东西，被禅师抓个正着。禅师责问他："你偷人东西，偷多少次啦？"

　　"数不清，总有几百几千次吧。"

　　"你偷了多少东西？"

　　"不多，一次顶多千儿八百元啦。"

　　禅师哈哈大笑说："你真是个小毛贼，换是我，不下手则已，下手就大偷！"

　　小偷惊讶问道："失敬！失敬！原来是老前辈了，请教怎么个偷法？"

　　石屋禅师倏然伸手，作势抓住小偷的心口说道："宝贝不就在这里吗？自从这里的宝贝被我偷到了以后，我一生享用不尽啦！"

　　我们的心，要自己掌握住，做自己的主人，才能终身受用不尽。禅是什么？就是我们的真心，有了这种真心，还有什么比这个更好呢？

　　龙牙禅师有一首自我肯定的诗：

　　　　一室一床一茅屋，一瓶一钵一生涯；

　　　　门前纵有通村路，他家何曾是我家。

一个禅者，一生只有一间房、一张床、一所茅屋，生活简单自然。门前虽然有路通到别人的村庄，不过他家何曾是我家，我们何必到外面攀缘呢？桃源虽好非我有，自家虽寒窗，却是我安身立命处。有道是金角落、银角落，不及自家的穷角落。不识本心，学法无益；不识真性，与道相远。禅是要大家自我肯定，肯定自心本无一物，不以物喜，不以己悲，洒脱淡泊，自在无碍，把自己的生命走出一片坦荡晴空。

二、从惜福结缘来谈禅宗的教学守道

禅者，山中卧衲衣当被，头裹瓠瓢作枕。离世隐居，物欲淡泊，不只生活简单，而且爱物惜缘。一草一叶、一瓦一土、一字一珠，在禅者的手中都能活用起来，不随意浪费大地的一点资产。像天台左溪尊者，泉水可以洗昏蒙，云松可以遗身世，孑然独居一室，自有法界之宽。他一生行谊尤其令人称道，"非因寻讨经论，不虚燃一灯；非因瞻礼圣容，不虚行一步；未尝因利说一句法，未尝因法受一毫财"，这样的操守，可说是惜福结缘的最佳典范。

有一次仪山禅师要沐浴，弟子替他准备了洗澡水。禅师来到澡池边，探手一试说："太烫了，加一点冷水。"

弟子盛水来，加了一半，剩下一半水就把它倒掉了。仪山禅师看了很生气，骂道："你这个业障鬼！滴水如金，水是有生命的。你把它浇在花上，花会欢喜；洒在树上，树会生长。这么宝贵的生命资源，你怎么可以轻易糟蹋掉呢？"

这个徒弟经过这次严厉的教训后，把自己的名字改成"滴水"，自我警惕"一滴水也是甘露泉"，这就是有名的滴水禅师。

禅门的生活如此简朴，不贪求尘世的一切物质。渴饮山泉，凉而甘美；饥食菜根，淡而飘香，对于一草一木、一坐一盘都非常爱惜。假如我们也能有滴水和尚这种惜福结缘的精神，会使生活别有洞天。

任何东西不是只有物质上的价值，内心的认定更重要。虽是一滴水、一朵花、一支笔、一张纸，都非常宝贵。能珍视这许多东西，才会惜福结缘，这么一来，世间何物不宝贵呢？

有一位七里禅师，在佛殿里打坐参禅，半夜闯进一个强盗，低声叫："钱拿来！没有钱要你的命！"

七里禅师不动声色，回答他："不要打扰，我在参禅。要钱，钱在佛祖下面的抽屉，自己去拿。"

强盗拉开抽屉，取了钱，正要走，七里禅师说："不要通通拿走，留一点，我明天还要买香花供果。"

强盗真的依言照办，瞪着眼往外走，正要踏出门，七里禅师又道："站住！"

强盗吓了一跳，回过头来，只听七里禅师说道："你拿的钱是佛祖的，不向佛祖说声谢谢就要走吗？"

强盗被说动了，向佛祖点头称谢，一溜烟地逃了。

不久，这个强盗给警察抓了，供认曾经偷了七里禅师的钱。警察带他来让七里禅师指认。七里禅师说："没有呀！他没有偷，他已经向佛祖道谢了啊！"

七里禅师以慈悲心来结缘，这种教学守道的方式感动了那个强盗，后来他悔过向善，并且做了七里禅师的弟子。

禅宗的惜福和结缘常常互为因果，密不可分。有一则公案说明了福报的因缘——

一天，雪峰、岩头、钦山三位禅师结伴行脚，外出教化。他们顺着河流往上走，正商谈如何弘法时，雪峰禅师肚子饿了："今天住哪里啊？"

忽然看到河流里有一片青菜叶子，顺着水流下来，钦山禅师指着说："你们看，有菜叶漂流下来，可见上游一定有人住，到那边就有饭吃，可以歇脚了。"

岩头禅师凝目注视水里那根菜叶，摇头叹息："唉，这上游的人家，连这么一根翠绿的菜叶都不爱惜，竟让它流走，实在可惜。"

雪峰禅师也说道："这么不珍惜的人家，不值得教化，我们还是到其他村庄歇脚吧。"

三个人正在你一言、我一语的议论时，上游有一个人"砰砰砰"沿河跑下来，气喘吁吁地一路寻觅什么。禅师问："找什么？"

那个人满头大汗地说道：

"我刚才洗菜，不小心一片叶子被水冲下来了，我正在找那片菜叶子。"

雪峰禅师三人一听，高兴得哈哈大笑，点头称许："这人这么惜福，值得度化，我们就到他家弘法挂单吧。"

惜福之人才会多福，佛性即福田。我们的痴福、罪福，不是真福；真福要像种树、种谷一样，才能福至心灵。

临济禅师有一次在山里种松树，黄檗禅师看到了，奇怪地问："山上已有这么多树了，你栽松做什么呢？"

"一与山门做景致，二与后人作标榜。"

禅师们这种不求自利、荫庇天下的胸襟，是济世精神的显露。

禅的教学守道，是从生活中惜福，从结缘来体验，以慈悲为本怀，用智慧来引导，提升修持的境界。惜福、结缘就是禅者学道的生活。

三、从慈悲感化来谈禅宗的教学守道

有一天，云水禅师到一个大富翁家里化缘，被大富翁推拒门外。云水禅师在山上无粮米，大富翁又不肯布施，正不知如何济众办道。走着，走着，看见富翁家的水沟流出许多饭粒，云水禅师觉得很可惜，就每天来捡回去，除了自己吃，吃不完的便晒干储存起来。

十年后，大富翁家忽然起火，一场熊熊烈焰使大富翁家破人亡，一无所有，不得不四处行乞，狼狈不堪，最后实在走投无路，只得投奔云水禅师的寺庙，哀求禅师收留他："恳请和尚慈悲，救救我吧！"

云水禅师收留了他，又做饭给他吃，大富翁这一顿饭吃得津津有味，满怀感激："师父，感谢你！"

"你不必感谢我。这些饭本来就是你的，我只是花一点劳力把它捡起，晒干储存起来，正好今天你用得到。"

大富翁深感惭愧，立誓痛改前非，重新做人。禅师用慈悲教化来感人，是他们的特长，也是禅师教学守道的特色。

挑水禅师在教大家禅法一段时间后，忽然失踪了，弟子们不知道禅师的下落，而四处寻访。有一名弟子反复寻找，来到荒郊野外，在一座废桥下发现一些洞穴，里面有很多乞丐，挑水禅师就在乞丐群里。这个弟子又惊又喜地请求："师父，请您慈悲回去，再开示我们禅法。"

挑水禅师意兴阑珊道："光用口讲，讲几千几百次也没有用，你们做不到。"

弟子急忙恳求："师父您再教我做什么，我一定做到。"

挑水禅师双眼一瞪说："好！你在这跟我同住三天，我就传授你禅法。"

弟子一听，三天有什么了不起，为了学禅，就是三年也没关系，于是住了下来。

第一天，洞里除了满地肮脏的垃圾，还是肮脏的垃圾，连漱口水都没有，更别说洗澡了。连大小便都不知道怎么办。这一天虽然难挨，却也忍耐下来了。

第二天，乞丐寮里，一个老乞丐死了，挑水禅师唤徒弟："帮我把老乞丐搬出去埋葬。"这个老乞丐卧病太久，浑身发臭，令人退避三舍。好不容易埋葬完了回来，挑水禅师倒下就睡着了，徒弟却无法忘记肮脏臭味，怎样也睡不着，一夜辗转反侧。

第三天早上起来，挑水禅师说："我们今天不用乞食，老乞丐讨回来的饭菜还没有吃完，今天就可以吃了。"

这个徒弟一听，不要说是吃，一想到那种脓疮秽垢混合的饭菜就想呕吐，肮脏恶臭的气味一直盘旋不去，当下鼓起勇气向挑水禅师说："我再也没有办法住下去了！"

挑水禅师眉一横，眼一瞪："所以，你们学不到我的禅法。"

没有很大的慈悲心和忍耐力，怎能经得起磨难，通过重重考验，越过层层关卡，见到另外一个光天化日的世界呢？禅宗的学道，注重的不是表面风光，而是精神内涵，是在烂泥坑里植净莲。

参禅求道，除了开拓福德智慧，更要长养慈悲心。慈悲才能感化顽强，抛弃贪欲瞋恨，化暴力为祥和。以禅心、悲心、佛心来洗净尘世的罪业，这就是禅者教化的力量。

四、从方便灵巧来谈禅宗的教学守道

禅师教人参禅，是无限的方便，无限的灵巧。一默一语，含藏生机；一棒一喝，敲破昏迷。无论是士、农、工、商或凡俗、老幼，禅师都能契机化导；无论在山林水边或衣、食、住、行，禅师都能运用禅法点化。转贪瞋为慈悲，转迷妄为智慧，禅师们方便灵巧的教化深深蕴含其中。

以下是几个禅师方便教化的公案——

有一个学僧元持在无德禅师座下参学，虽然精勤用功，但始终无法对禅法有所体悟。有一次在晚参时，元持特别请示无德禅师："弟子进入丛林多年，一切仍然懵懂不知，空受信施供养，每日一无所悟，请老师慈悲指示，每天在修持、劳作之外，还有什么是必修的课程？"

无德禅师回答道："你最好看管你的两只鹫、两只鹿、两只鹰，并且约束口中一条虫。同时，不断地斗一只熊，和看护一个病人，如果能做到并善尽职责，相信对你会有很大的帮助。"元持不解地说道："老师！弟子孑然一身来此参学，身边并不曾带有什么鹫、鹿、鹰之类的动物，如何看管？ 更何况我想知道的是与参学有关的必修课程，与这些动物有什么关系呢？"

无德禅师含笑地道："我说的两只鹫，就是时常要警戒的眼睛——非礼勿视；两只鹿，是需要把持的双脚，使它不要走罪恶的道路——非礼勿行；两只鹰，是双手，要让它经常工作，善尽自己的责任——非礼勿动。一条虫，是你的舌头，你应该要紧紧约束着——非礼勿言。熊就是你的心，你要克制它的自私与自大——非礼勿想。这个病人，就是指你的身体，希望你不要让它陷于罪恶。我想在修道上，这些实在是不可少的必修课程。"

有一位琉球和尚来到中国，跟遂翁禅师参禅求道。参学三年，一点禅的消息都没有，这位和尚一直没有开悟，准备打消参学，他向禅师说："算了，我回家去吧。"

遂翁禅师见他犹如浮萍定不住，就激励他："再忍耐一下，再参七天就好。"

七天以后，依旧没有开悟。忍耐又忍耐，七天又七天，就这样七个七天都过去了，这和尚不免垂头丧气。遂翁禅师慈悲开示他："再过五天吧。"

这和尚又参了五天禅，遂翁禅师冷眼静观，只是一再挽留：再三天吧……再一天吧。到了这时候，这个和尚非常恐慌，他问："禅师，最后一天了，不开悟怎么办？"

遂翁禅师庄严地道："再一天不开悟，只有死，不能再活了！"

这个和尚面对死亡，真正"置之死地而后生"，精神统一，意志集中，非比寻常。功夫尽处，胸中不挂一尘；火候到时，心上不依一法。旋乾转坤，只是一念用力，生死禅便豁然洞现，就在这一天，他豁然开悟了。

禅师教人，不是给你添加什么，而是要你把俗情妄智统统扔掉，自服一帖清凉心散，照见人生的迷情与真机。

有名的赵州禅师，消泯了贪恚愚痴苦恼后，常教化世人。一次，有一个女人向赵州禅师诉苦："禅师，像我们女人实在业障啊！

做小女孩时，要听父母严苛管教；长大结婚后，要被丈夫管；老年又轮到儿女来管。你看这些儿女，我一讲话，他们就叫：'妈妈，不要讲啦！'真是业障啊！"

赵州禅师呵呵大笑，一摆手："不要这么想。女人是很有福气的，你看：小女孩时，爸爸妈妈多么爱护照顾；长大以后，多少男人倾心追求，老来儿女也特别孝顺。很多儿女不喜欢探望父亲，反而喜欢看妈妈，做女人实在比做男人多受眷顾呢！"

通达人情事理的赵州禅师，告诉女人不要自怨自嗟，换一个角度，把不好的看成美好，成就另一种风光。一样的世间，不一样的情怀，端看我们一心如何转换，这就是禅教的灵巧法门。道谦禅师与好友宗圆结伴参访行脚，途中宗圆不堪跋山涉水之疲困，几次三番闹着要回去。道谦安慰他说："我们已发心出来参学，而且也走了这么远的路，现在半途放弃回去，实在可惜。这样吧，从现在起，一路上如果可以替你做的事，我一定为你代劳，但只有五件事我帮不上忙。"宗圆问道："哪五件事呢？"道谦非常自然地说："穿衣、吃饭、屙屎、撒尿、走路。"

禅，是不能外求的，怎样参禅？怎样开悟？怎样成佛？别人都不能代替，这是自己的事，必须自己去参学。千钧重担都背过的人，自然生出力气，自然有负重肩膀，这是禅的方便法门。

大安禅师到百丈禅师处参学，他们问答的公案，可以让我们更深入了解禅宗的特色：

"如何识佛？"

"大似骑牛觅牛。"

"识得以后呢？"

“如人骑牛回家。”

“如何保住？”

“如牧童执杖看牛，不令践踏作物。”

我们的自心被无明颠倒，攀缘五欲六尘，心中不净，向何处问佛？问了佛又有何用？向外追寻总无益，不如骑牛归家，好好安心长养。

禅，要靠自己去体验，去实践。我有禅是我的，不是你的，唯有把禅转化到身心里面，让禅海法水滋润生命，体悟清明意境，清凉六根，才能让自己活得更清明、更自在。

1985 年 5 月讲于台北“国父纪念馆”

从衣食住行谈禅宗的生活

我们若能在衣食住行的日常生活里，
看见一点禅光智慧，受用一些禅意法喜，
随遇而安，随缘放旷，
我们的生活必能更坦荡、更安然、更自在！

　　生活离开不了衣食住行，衣食住行和我们每一个人的关系非常密切。而在佛门里修道的禅师，他们衣、食、住、行的情形又是如何呢？

　　有人问法华山的全举禅师："当初佛陀勉励弟子们要发四弘誓愿，请问禅师：你的弘愿是什么呢？"

　　全举禅师回答得非常妙："你问我的四弘誓愿，我是'饥来要吃饭，寒来要添衣，困时伸脚睡，热处要风吹'，我肚子饿了要吃饭，天冷了要穿衣，疲倦时伸腿就睡觉，天热就想吹吹风，你看如何？"

　　全举禅师这一段话，可以说把禅的本来面目表达得非常透彻。禅不是离开生活，也不是闭关到深山里自我了断，而是在言行动静中修道，在生活上自然表现出平常心，不起分别妄念，这衣食住行里面就有禅。虽然是穿衣吃饭这样简单的事，我们一般人却不敢自己承担。很多人明明热衷名利，却千方百计开脱自己："我是不好名的！我是不好利的！"如果说他好吃懒做、贪睡爱穿，他也会板起脸孔来。真实的事都要逃避，不敢承认，这就是没有担当，而禅师们是当下承担，毫无挂碍的。

息恶心，除妄想，坦坦荡荡面对自己，是何等光明磊落的境界！何况禅师们的吃饭、穿衣、睡觉、吹风里面，还有一般人看不到的自在风光呢！常常有人问禅师："你如何参禅？"

禅师回答："吃饭，睡觉。"

"吃饭睡觉，这等事大家都会啊！如果学禅就只是吃饭睡觉，那又有什么了不起？"

"这可大不相同，社会世俗的人，吃饭，他挑挑拣拣，吃得不甘味；睡觉，他辗转反侧，睡得不安心。很多人烦恼缠身，当吃他不吃，当睡他不睡。珍馐美味，他食不知味；宽广大床，他寝不能安。处处计较分别，颠倒困顿。禅不是这样的！"

禅，是一种欢喜自在。菜根豆芽，都是香的；山林树下，木板地席，也都睡得安然自在。同样是吃饭睡觉，有禅没有禅，味道就是不一样，犹如一间寺庙盖在山林里、水泉边，和盖在垃圾场旁、屠宰场边，气氛就是不一样。

禅师在衣着上，有时穿百衲衣，破破烂烂也不要紧；有时穿金缕袈裟，也不觉得荣耀。因为"黄金白玉非为贵，唯有袈裟披肩难"，袈裟和钵盂，在一个禅者心中，价值胜过万种富贵。大梅法常禅师离世隐居，把衣食住行的欲念悉数抛弃，把妙真如性高高升华后，写下了一首法偈：

> 一池荷叶衣无尽，数树松花食有余；
>
> 刚被世人知住处，又移茅舍入深居。

衣食，对禅师们只是过眼云烟。

禅者的吃，又是怎样呢？吃，日中一食就好了。一钵饭送进嘴里之前，会先念一首偈：

> 愿断一切恶，
>
> 愿修一切善，
>
> 愿度一切众生，
>
> 皆共成佛道。

念完这首偈子再吃饭。所谓"天下丛林饭似山，钵盂到处任君餐"，即是禅者吃的生活。对一个参学修道的禅者来说，"口中吃得清和味，身上常披百衲衣；五湖四海为上客，无边法界任逍遥"，也是禅师不贪口腹食欲的写照。

说到禅师的住，山林水边、街头巷尾，都可以随缘安住，清凉自在。古德说："密富禅贫方便净。"密富，学密宗要有钱，因为坛场供养耗费多；禅贫，学禅清俭，在家里的地板可以打坐，在办公室座位上可以打坐，从高雄到台北的火车上也可以打坐，甚至山林水边都可以参禅，所以学禅不需要什么费用；方便净，学净土念佛，一心持念，那就更方便了。"禅悦酥酡微妙供，大千世界一禅床"，是说真正的禅者，禅可以当食住。参禅参到欢喜处，无所住，也无所不住，常以禅悦为皈依，大千世界都是禅者的床。

有一位禅师说："木食草衣心似月，一生无念复无涯；时人若问居何处，青山绿水是我家。"就是形容禅者栖身心于大千世界，树木蔬食都可以果腹，草叶为衣，心如明月清净无染，一生不起杂念妄想，常以青山绿水为家。想一想：禅者那种青山绿水的悠游住境是多么美好！说到禅者的行，真是"行亦禅，坐亦禅，语默动静体安然"。一个禅者游方参访，风光无限，"一钵千家饭，孤僧万里游；为了生死事，乞化度春秋"，是多么逍遥自在的生活。禅师和大自然结合在一起，随缘放旷，任运逍遥，禅，就是一个"自然"。

在丛林里修炼的禅者，是刻苦自励的，要在团体里严格地自我提升。以下把禅者衣、食、住、行的生活，分为四点来说明。

一、从云游参访来谈禅者的衣食住行

禅师云游参访，到了白云深处，如见宇宙之浩瀚；到了山泽水湄，即见生命之真如。中国地大寺多，从北京到五台山，从山西到普陀山，晓行夜宿，刮风淋雨，步步参学，时时开悟，禅师们的三昧慧根就深植不灭，衣食住行也成为学佛的道场。在此，举出几个禅师云游参访的公案——

有一天，智学、智道师兄弟参访求法，来到有名的无三禅师处。无三禅师平时对于来参访他的人，只要一开口问话，他就二话不说，出其不意地打上去，每求必打。智学师兄弟两人为了参学求道，不能不问，结果今天被他打，明天又被他打，没有一次躲得过。无三禅师打人的技术非常高明，当你不注意的时候，心神一散，"啪！"一个巴掌、一支棍子就飞过来了。由于师兄弟两人每问一定被打，就商量：我们今天不进屋子，只在门外问，他如果回答我们，我们就听；要打我们，我们就拔腿躲得远远的，不让他打。师兄弟两人如此一番商议，自以为很高明，便在门外扬声问："禅师！我们有问题请您开示！"

无三禅师大喝一声，用声音打过来："你们是什么东西！"

师兄弟两人乍闻狮子吼，心头一惊，不由自主跪下来，顿时矮了半截。

禅师传授禅法，总是出乎凡心臆想之外，如同弦音常在弦音外，青山更在青山外，甚至无我相、无人相、无诸相，不但声闻缘觉悉皆念佛念法，连衣食住行都是菩提般若的化身。

仙崖禅师有一个徒弟，想到别处去参访修行，仙崖禅师很高兴，嘱咐他到某地某寺、某山某院去参访。这个徒弟也很欢喜，遵照仙崖禅师的指示准备游学，临行前，向师父辞行，仙崖禅师高高兴兴地把他叫住，兜头打他一棒。徒弟被打得莫名其妙，高声问："师父，既然允许我云游参学，为何又打我？"

仙崖禅师哈哈大笑，转身即走。这个徒弟托人去问，仙崖禅师回答得很妙："因为他要走，打他一下，让他知道怎样做师父。"

仙崖禅师慈悲，又疼爱徒弟，打他一下，要他时时不忘初心，无论云游何处，山丛水边，朝夕惕厉，勿失勿忘。随身以道念为衣，以禅悦为食，以正法为住，以参学为行。仙崖禅师这一打，含义多么深远。

文道禅师是个云水僧，因为久仰慧熏禅师的道风，所以不远千里跋山涉水地来到禅师居住的洞窟。

文道禅师说："末学文道，素仰禅师的高风，专程来亲近、随侍，请和尚慈悲开示！"

由于当时天色已晚，慧熏禅师就回答："天黑了，你就此住一宿吧！"

第二天，文道禅师醒来时，慧熏禅师早已起身，并已将粥煮好了。用餐时，洞中并没有多余的碗可给文道禅师用，因此慧熏禅师就随手拿了一个骷髅头，盛粥给文道禅师。文道禅师踌躇得不知是否要接，慧熏禅师说："你无道心，非真正为法而来，你以净秽和憎爱的妄情处事接物，如何能得道呢？"

善恶、是非、得失、净秽，这是从分别心所认识的世界。真正的道，不思善、不思恶，不在净、不在秽。

法眼文益禅师在庆辉禅师处参禅时，始终不能契悟入道，于是，他就辞别庆辉禅师，开始云游四方。

有一次下大雨，途中就在一座地藏院挂单，寺里的知客师问他："禅师你要往哪里去？"

法眼禅师："我没什么目的，只是随便走走罢了。"

知客师又问："你对四方来去的云游方式，有何感受？"

法眼禅师答："云水随缘。"

知客师说："'云水随缘'这句话最逍遥自在了！"

法眼禅师听后，对逍遥自在，顿有所感。

我们生活于世，虽然东奔西走，几人能云水随缘？ 更何况逍遥自在？

人到无求品自高。禅者，最大的特色就是无欲无求，无烦无恼，这种特色在云游参访时尤其明显，呈现了禅师清净超越的品格——衣食无沾滞，随缘放旷；行住是云水，自来自去。对一个云游参访的禅师来说，衣食住行，一一是妙谛，何处不自在。

二、从生活劳作来谈禅者的衣食住行

禅师们非常重视生活里的劳动和服务，例如——

黄檗禅师曾经开田、摘菜，流汗田里……

沩山禅师曾经摘茶、和酱、泥壁，从茶园到厨房，从做酱菜到水泥粉墙、挑砖砌瓦，样样做过。

石霜禅师在米坊里做筛米，双手不停劳动……

云岩禅师做鞋，孜孜地帮人家补鞋、做鞋……

临济禅师栽松、锄地，将一棵棵树苗种下……

仰山禅师牧牛、开荒，在荒原上行走跋涉……

洞山禅师锄茶园，一锄锄挥下，汗流如注……

云门禅师担米，寺里的米粮都由他一肩肩挑起……

玄沙禅师砍柴，那握着柴刀的手厚茧累累……

赵州禅师扫地，日扫夜扫，多少烦恼扫成堆……

雪峰禅师斫槽、蒸饭、畲田，不发一声苦，不喊一句累，默默在毒辣的大日头下耕耘……

丹霞禅师除草、莳花，从一草一花中醒悟生命的义谛……

禅师们就是这样在生活里劳作，千锤百炼，忍苦耐劳，使肉身更坚强，让心志更纯一，如同利剑淬炼自寒水与烈火，禅师也是从心苦与身疲中超脱的。别以为参禅的人不费心力，身体轻飘飘的，心扩大了，好像超越了世界，好像神仙一样腾云驾雾……真正的禅不是这样！禅，是面对现实的生活，要工作，要苦心志、劳筋骨，要在生活里面植根，再慢慢地升华、渐渐地扩大，心灵可以高上万丈青天，脚却要踏着实地，这才是禅的主要内容。

禅者在衣食住行的生活里，是离不开劳作的。如同鱼离不开水，树少不了土，生活劳作是禅者的道粮，很多禅师都是在弯腰劈砍、直身挑担之间开悟的。不过，一切的苦修劳作不是拿来炫耀的，禅是在衣食住行的生活里扎根的。垂帘闭目，手持念珠不理睬人；结印跌坐，不食人间烟火，那是故神其貌的空禅。要工作，要务实，要体验，磨心志，刮骨髓，才叫禅！

三、从待人接物来谈禅者的衣食住行

有名的"赵州茶"、"云门饼"的公案里，可以看出禅宗待人接物的生活——

有人来参访赵州禅师，禅师问："你来过没有？"

"没有。"

赵州一笑："吃茶去。"

又有人来拜访，禅师合十问讯："你来过没有？"

"来过。"

赵州一笑："吃茶去。"

旁边的弟子听到了，觉得迷惑，就请示："禅师，那没有来过的吃茶去，来过的也吃茶去，究竟什么人可以吃茶去？"

赵州莞尔一笑："吃茶去。"

茶叶有三种味道：第一次泡开的茶，味道甘美；再泡，有苦的味道；又再泡，是涩涩的滋味。"吃茶去"，是要人们去体验人生三味：甘味、苦味、涩味——人在青年时期，多彩多姿，自由快乐，是甜蜜甘醇的味道；到了中年以后，为工作奔波，为家小妻儿忙碌，是含辛茹苦的味道；到了老年，体衰力弱，病痛缠身，是艰涩的味道。当然这人生三味不是绝对的，因人因境而不同。有的人少年时期非常苦，有的人中年很甜蜜，有的人老年很幸福。然而我们哪一个人没有尝过人生的三种味道？ 天天吃茶、吃茶，从吃茶里也可以体会到人生的三种滋味。

云门禅师对于待人接物，有极恰当的两句偈：

莫嫌佛门茶饭淡，僧情不比俗情浓。

禅者修禅，是要破痴迷，除尘妄，"纵遇刀锋常坦坦，假饶毒药亦闲闲"，精魂游魄都要放下，何况是衣食住行呢！妙喜禅师有一段趣事，可以看出禅者待人接物的风姿——

在一个严寒的冬夜里，有一个乞丐以颤抖的手去敲荣西禅师的庵室，潸然欲泣地诉说："禅师！我的妻子与子女已经多日未进粒米，我尽其所能地想给他们温饱，始终不能办到，连日来的霜雪致使我的旧疾复发，现在我实在是精疲力竭了，如果再这样下去，妻小们都会饿死，禅师！请您帮助我们！"

荣西禅师听后，颇为同情，但是身边既无钱财，又无食物，如何帮助呢？想着、想着，不得已只好拿出准备替佛像涂装用的金箔对乞者说道："把这些金箔拿去换钱应急吧！"

当时，座下的许多弟子都以一种惊讶的表情，看着荣西禅师的决定，不满的情绪挂在脸上，并且抗议道："老师！那些金箔是替佛装金的，您怎可轻易地送给别人？"

荣西禅师和悦地对弟子们说道："也许你们会对我的做法无法理解，可是我实在是为尊敬佛陀才这样做的。"

弟子们听不懂老师的话，仍愤愤地说道："老师！您是为了尊敬佛陀才这么做的，那么我们将佛陀圣像变卖以后，将钱用来布施，这种不重信仰也是尊敬佛陀吗？"

荣西禅师道："我重视信仰，我尊敬佛陀，即使下地狱，我也要为佛陀这么做。"

弟子们不服，口中喃喃说道："把佛陀圣像的金箔送人，这是尊敬佛陀？"

荣西禅师终于大声斥责弟子们道："佛陀修道，割肉喂鹰，舍身饲虎，在所不惜，佛陀是怎么对待众生的？你们能认识佛陀吗？"

弟子们到此时才明白荣西禅师的大慈悲，原来他的做法，是真正与佛心相契的。

佛陀有三十二相、八十种好的庄严，就是修行慈悲、积聚功德而成的，所谓"无缘大慈，同体大悲"，只要有益于众生，钱财房舍、田园宅第、身体性命，全可布施，金箔又能算得了什么？荣西禅师的行为，真正奉行了佛陀的慈悲。你不必是他的亲人，你也不必对他有什么利益，他都施于同体的慈悲。佛陀心中的众生，我们为什么为了金箔，就把他分开呢？

禅者待人接物，秉持着慈悲心、喜舍心，一切可以包涵，一切可以奉献，解衣推食，难住苦行，禅者都不放在心上。他们有的是"对境心不起，菩提日日长"，有的是"烦恼海中为雨露，无明山上作云雷"，以佛心待人，以禅法接物，处处显现无染着的智慧风范。

四、从修行悟道来谈禅者的衣食住行

世间有些现象很有趣，像飞机驾驶员，在天空旋舞飞驰，一落地，却不能开车，因为没有速度感，容易撞车。远洋轮船的船员，回到岸上，老觉得有地震，走路的时候一跷一跷的，好像跳民间舞蹈。这是因为太专注于一件事上，反而顾不到别的了。禅者修行悟道时，心思都放在禅修上面，衣食住行的需求极低，像月江正印禅师的诗偈：

> 去来恰似月行空，住着犹如风过树；
>
> 此庵无坏亦无成，于中只么老此生。

赵州是一位很有趣的禅师，人称赵州古佛。他也讲道，也谈禅，不但佛教徒来听，很多道教徒也来听他说道。有一个道士，眼见门下徒弟都去听禅师讲道，心里非常嫉妒，愤然到寺里找赵州禅师理论："天下的人都敬佩你，我就是不服气！你以为你有多伟大呀？抢我的徒众，算什么高明？在信仰你的人心目中，你是神，你是古佛；在我的心中，你是小人！你会讲道，你能讲得让我心服口服信奉你吗？"

赵州禅师很谦和地说："不要那么激动，来，来，来，你到这里来，我同你讲。"

道士排开众人，气昂昂一摇一摆地走到赵州禅师面前。赵州禅师向左边偏偏头，说："请你站到左边来，我好同你讲。"

道士又傲然站到左边，赵州禅师摇摇头："这样不大好讲，请你到右边来谈。"

道士又瞪眼鼓唇走到右边来。赵州禅师把手一拍，笑着问："你看，你不是也很听我的话吗？你不佩服我，怎么会听我的话左站右站呢？"

道士一听，恍然知道自己落了下风，满脸羞红："算你会讲话，我还是不服气。你没有神通，告诉你，道爷我可是大有神通的！"

"你有什么神通？"

"我肚中会叫，口中会放光。你能吗？"

"这个神通也没有什么了不起，你肚子会叫有什么用？叫又不能当珠宝；口中放光，放光也不能了生脱死。我的神通比你高明多了！"

"你有什么神通？"

赵州禅师大笑："嘿，我的神通可高明了！我会吃饭，一吃就饱；我会喝水，一喝不渴。这样的吃饭、喝水，你行吗？"

很多人学禅，把一个活生生的禅机，弄成了僵化的格式，不知本末，不知落实。禅是非常实际的，穿衣、吃饭，不多不少，不忮不求，很不容易，完全视同无物更不容易。对赵州来说，穿衣、吃饭、喝水，只是例行琐事，全不放在心上，所以不需贪恋多欲，禅是讲受用的，精神生命上的受用，远比衣食生活上的受用来得重要。

有人发现一休禅师近来茶不思，饭不想，精神恍惚，不知怎么回事，问他为什么。一休禅师说："我在想一个人，想一个人呀。"

一休禅师莫不是单相思？话一传开，寺里闹得天翻地覆。闹了很久，众人传说纷纭，莫衷一是。住持看看不是办法，就把一休禅师叫来，说："你究竟是想哪一个人？你讲出来，我替你做主。如果是爱上了哪家的小姐，罢了！你还俗好了，也胜似天天愁眉苦脸作践自己。"

一休禅师说："我想念的人，你找不到的啦！"

住持问："你说，我一定找到。"

一休禅师说："你找不到。"

住持说："找得到！"

一休禅师就念了一首偈：

> 本来面目初现前，虽然只是一面缘；
>
> 念念不忘难放下，释迦达摩本一人。

这首诗的意思是：我刚刚体悟到自己的心，刚刚认识它，它就不见了。我一直念念不忘参省，要找到我本来的人、本来的心，我要找到受、想、行、识之外，我真正的灵台面目啊！

禅，是不能向外寻求的，"本无形迹可寻求，云树苍苍烟霞深"，要找也找不到。三界唯心，万法唯识，我们自己的生命真谛，要在自己方寸之间寻求。

佛窟惟则禅师修行时，用落叶铺盖屋顶，结成草庵，以清泉润喉，每天摘野果来果腹，把衣食住行的需求减到几乎无沾滞的境界了。有一天，一个樵夫路过庵前，问："您在此住多久了？"

"大约四十个寒暑了吧。"

"您一个人修行吗？"

"丛林深山，一个人都嫌多了，还要找人添麻烦吗？"

"您不需要道侣吗？"

佛窟禅师拍拍掌，很多虎豹由庵后鱼贯而出，樵夫大惊，佛窟禅师示意虎豹退回庵后，说："朋友很多，大地山河，树木花草，虫蛇野兽，都是我修道的法侣。"

一个禅师修行悟道，要把自己修行到无妄无染的境界，才能与鸟兽同群，任运逍遥。像佛窟禅师，视虎豹如人，没有一丝畏惧心，是很不容易的。

我们若能在衣食住行的日常生活里，看见一点禅光智慧，受用一些禅意法喜，随遇而安，随缘放旷，我们的生活必能更坦荡、更安然、更自在！

1985 年 5 月讲于台北"国父纪念馆"

生命升华的世界

人与人的相处对待，如果能做到坦坦荡荡、磊落自在，
互相都以一颗真挚善良、清净无染的心相向，
这就是人格的提升，生命的升华了。

在现代社会里，我们受尽文明弊病的困扰，已经逐渐丧失了自然的气息，人人承受各式各样来自家庭、学校、社会等等不同场所的折磨与压力，譬如情感争执、朋友社交、事业竞争，乃至政治、经济等各层次的问题，可以说层出不穷，千变万化。因此，我们不仅要使身心切实安住，还要追求生命最高的境界，这样才能免于随波逐流，同流合污。

如何才能使生命获得升华？在佛教里告诉我们许多修行的方法，其中以禅的功夫最为简易可行。虽然佛教中，如中国的八大宗派，有很多切实可行的途径，足以涤虑澄思，净化身心，使生命自然升华，不过这些方法，都不如禅来得直接、透彻。

参禅有几个要领必须注意：一、不说破；二、提起疑情；三、把握禅机；四、行脚参访；五、实证开悟。禅是不可以用语言文字道断的，说破了就不是禅，而是糟粕的知解。禅注重自身的实地参究，

并且要提起疑情，好比撞钟，用力越大，回声越响。当我们对生命本质的疑问越深时，所得到的答案将越真实。参禅访道，把握住机锋的相对很重要，就如同照相要调好焦距，穿针要对准针孔，参禅不对机或失去先机，就不能开悟。

禅重视实际的身体力行，打坐观想固然是一种禅，日常的行住坐卧也是一种禅，禅者有时为了参透一句话，不惜穿起芒鞋，踏遍岭上云朵，为的是寻找明师善知识，除却心头上的那份悄然。禅师们说："借此闲房又一年，岭云溪月伴枯禅；明朝欲下岩前路，又向何山石上眠？"这种行云流水的闲适自在就是禅。当然参禅最终的目的是为了证悟清净的自性，所谓明心见性的功夫。有了这五项要领，大概就能体会到禅深深的奥妙了。

以下从四个角度来探讨生命升华的禅者世界，究竟是个什么样的世界？

一、从平常的事务里看禅的世界

大部分的人总以为禅一定要在禅定里才可以修行，有些人更认为盘起腿来打坐，闭目敛神，眼观鼻，鼻观心才是禅。打坐当然是禅，但是禅却不仅仅限于打坐，举手投足，一言一笑，无非是禅。乃至随时随地的举手投足，行住坐卧、搬柴运水、饮食睡眠，都充满禅机。禅是无所不在、遍于一切的。

有一天，沩山禅师询问前来探望他的徒弟仰山禅师说："你整个夏天不见人影，都做了些什么呀？"意思是说，这些日子不参禅、不修行，白白糟蹋了光阴。

仰山禅师回答："师父，我耕了一块田，收了一篮果实。"

师父一听，非常欢喜，于是说："果真如是，这个夏天你就没有空过了。"

沩山禅师的意思是：从现实生活来看，如果真的种了一块田地，也实在有了丰收；在参禅意义上，则是种下了他日成佛作祖的因缘。

徒弟仰山禅师被师父这么一问，也反过来问师父："师父，这个夏天，您又做了什么？"

"我白天吃饭，晚上睡觉。"

仰山禅师听了，赞叹答道："师父，这个夏天您也没有空过时光。"

这种完全投注生命的日常生活，就是禅，也就是升华的世界。正因为沩山禅师得到禅的妙用，才能白天夜晚自在安详，无论饮食睡眠都能正常自然，所以说禅是无所不在、遍于一切的。

现在一些人被功名利禄、亿万金钱搞得纠缠不清，不仅寝食难安，连坐立都不定。譬如回到家里，正想坐定安心吃一顿饭，电话铃响了，一听又是一件棘手的事情。甚至半夜回家，倒头将睡，门铃又响了，又有不速之客来商量重要的业务；只要眼一闭，心神就不宁，恐怕这一打盹，生意就在懵懂当中泡汤了。终日浑浑噩噩、汲汲营营，没有一点属于自我宁静的时间，这种生活还有什么乐趣可言？

一个禅者的生活，所谓"一钵千家饭，孤僧万里游；青目睹人少，问路白云头"，是多么洒脱自如啊！禅的日常生活是尽量将生活简单化、艺术化、纯粹化。

什么是禅者简单化、艺术化、纯粹化？"衣单二斤半，洗脸两把半,吃饭三称念,过堂五观想。"禅者的衣服非常简单,捆绑起来不及两斤半重,可以随时肩挑,云游四海,不像一般人出门穿衣,挑三拣四的,还不能称意。有些人出来听一场讲演,或是参加宴会,常常为了选一件最合心意的衣服而伤透脑筋,最后干脆不出去,省得麻烦。想一想,为了一件衣服的颜色、长短、合适与否,而错过一场千载难逢的机缘聚合,不是太可惜了吗?所以衣服多不一定就是好,少也不见得坏,多少不放在心上,不当作一回事,生活自然简化,也没有气躁心烦的时候了,这不就是最自在的生活方式吗?生活能如此简单、淡泊,不追逐名闻利养,再苦的日子也能把它艺术化、纯粹化。

除此之外,禅者随缘逍遥、无求自在的境界,可以用一首诗来形容:"外出参禅和受戒,扁担绳子随身带;出坡作务天天有,为求身心永康泰。"对禅者而言,平常洗碗、扫地、除草、耕田的工作劳动之中,都充满了禅机,细细去品尝,到处洋溢着禅趣。能够保持"若无闲事挂心头"的一颗心,自然"便是人间好时节"了。对禅者来说,平常多么烦琐的事务也要把它简易化,人际来往复杂的关系也要把它艺术化,而保持康泰的身心、纯净的心灵。有的人碰到一点芝麻绿豆大的小事,往往就挂碍在心上,久而久之,酿成了心病,无法体会禅者这种"犹如木人看花鸟,何妨万物假围绕",去住无心、洒脱放旷的生活;不能体会,当然更谈不上生命的升华了。

日本曹洞宗的祖师道元禅师,年轻的时候曾到中国天童寺参学。有一天日正当中,看到寺中一位年老的出家人汗流满面地在路旁晒干菜,道元禅师走上前,开口问道:"老师父,你年纪多大了?"

"78岁。"

"年纪这么大了,怎么不叫人代做呢?"

老和尚转目正视道元禅师说:"别人不是我呀!自家分内的事,别人如何代替呢?小便盥洗的本分事,别人代替得了吗?"

道元禅师听了恍然有悟,还是不忍心地说:"天气这么酷热,何必一定现在做呢?"

"不是现在,更待何时才是晒干菜的时候呢?"

禅者参禅的态度是尊天敬地,毕恭毕敬,绝不放弃任何一个机缘,他们以平常心来对待日常的生活,也以平常心来庄严未来的世界,而这未来庄严美丽的世界,都在当下的转换提升。

在中国禅宗史上,先有马祖道一禅师创丛林,继有百丈怀海禅师立清规于后,留下千年奉为圭臬的制度。百丈禅师并为自己定下一条律则:"一日不作,一日不食",中国佛教自此走向农禅的大道,禅从此落实于中国的大地,和日常生活密不可分。禅者的日常生活虽然无所用心,自在洒脱,但是绝对不是放荡不羁、游手好闲。许多禅师勤奋参学、素简守道的态度是令人十分尊敬的,他们不仅在搬柴运水时参禅,连举眉瞬目都不放过丝毫禅机,如同永嘉大师说:"行也禅,坐也禅,语默动静体安然。"对真正的禅者而言,在平常生活之中,禅是触目即是,无所不在的。

禅者的生活俭朴,表面看来似乎苦在其中,其实他们的内心世界已经充实圆满,所流露的神态是自然而然对参禅悟道的一份向往与追求。佛鉴禅师一钵囊、一鞋袋,穿戴多年,百缀千补,仍然舍不得丢弃。有人劝他更换新的,他说:"这些东西,自从我出夔关以来,至今仅用了50年,怎么能够半途弃置不要呢?"

　　禅者这种超然物外、恬淡知足的升华境界，不正是我们所渴求的吗？因此我们要从日常生活去体悟俯拾即是的禅意，然后把体悟所得的禅悦化为生命升华的动力。

二、从矛盾的语言里看禅的世界

　　从禅者日常生活的世界里，可以证悟升华的生命，但是如何在禅师们的对话语句之中，去透悟禅的境界呢？

　　我们常常感觉到禅师的对话是风马牛不相及，颠倒错置。比如你问禅师："这朵花如何？好看吗？"他可能回答："快要下雨了。"你问他："吃过饭了吗？"他会告诉你："啊！那里有人饿死。"你问他："佛法大意如何？"他或许会如是说道："吃饭、睡觉而已矣。"他这么一答，简直是让人丈二的和尚摸不着头脑，觉得禅者尽在答非所问，不知所云。

　　其实不然，他们不但没有答非所问，反而是切中玄机。严格说来，两个没有共同经验的人是极难声气互通的，对于一个没有见过山水的人，费尽口舌为他描述山水之情，尽管惟妙惟肖，也只是对牛弹琴，白费功夫罢了。同样的，对一个没有禅悟经验的人谈禅，更是如同蚊子叮铁牛，浪费唇舌而已。虽然如此，禅师还是要说，因为说总比不说来得实在，而这正是禅的妙处，也是禅者的慈悲。

　　譬如有位禅师说："南山起云，北山下雨。"又说："怀州的马吃草，益州的马腹胀。"乍看之下，一点也不合常理、不合逻辑，但是如果仔细去参究，处处都是增广智慧的禅机。一般人的观念，物是物，我是我，物我彼此对立，纵有关系也是相互的。这种观念完全起源于分别、对立的心识活动，根本不是究竟真理。由这种邪见衍生的纠执，常常会造成一些无谓之争，意气之斗。禅师却早已剔除差别心，从觉悟的自性海中流露平等的智慧，透视诸法实性的平等一如，因此宇宙万物在他们看来，没有物我的分别，内外的不同。这种融合的境界就是生命的升华。

所以，我们要能从禅师们的矛盾语句当中，去发掘智慧之花，进而提升生命的境界。

傅大士有一首禅诗说：

空手把锄头，步行骑水牛；

人从桥上过，桥流水不流。

这首诗看起来完全不合情理，不切实际，但却是从禅师的证悟自性之中所流露出来的智慧。禅虽然是教外别传，不立文字，但是从禅诗里，可以体会到禅师证悟世界的意境。

其实这整首诗就是矛盾的调和，单从"空"字解说，便已蕴涵了一切万有，所谓"空即是色，色即是空"，在禅师的智慧中，空是一切万有的来源，宇宙不空，便不能覆载万物；心灵不空，如何包容三千？禅师说"空手把锄头"，事实上空手把持的岂止是一把锄头，而是整个宇宙三千、法界虚空，由此可见禅师的包容之心。"步行骑水牛"是一种悠然忘我、逍遥自得的境界。心为物系，乘坐在豪华的轿车上仍然不能自在；心无磊块，骑牛、步行是一样的徜徉快乐。"人从桥上过，桥流水不流"，通常一般人会认为流的是水而不是桥，这种心态根源于差别的观念，我们的心有了差别，所以外境有动静、内外，乃至大小、上下的种种现象产生，而禅师的境界是动静一如、内外合一。

内外、上下等任何纠执，完全起自于我们差别、对待的心识，而这种心识活动，却存乎"一念之间"。其实里里外外的人来人往，都是整体共存的。我们唯有从禅师矛盾的语句中，去看破纷纭虚妄的表象，根除我们的分别心，不为风、幡所动，才能进入禅的世界。

有一个沙弥满怀疑虑地问无名禅师道："禅师，您说学佛要发心普度众生，如果一个坏人，他已经失去了人的条件，那就不是人了，还要度他吗？"

禅师没有立刻作答，只是拿起笔来，在纸上写了一个"我"字，但字是反写，如同印章上的文字正反颠倒。

禅师问道："这是什么？"

沙弥："这是个字，只是写反了。"

"什么字呢？"

"一个'我'字！"

禅师追问："写反的'我'字算不算字？"

"不算！"

"既然不算，你为什么说它是个'我'字？"

"算！"沙弥立刻改口道。

"既算是个字，你为什么说它反了呢？"

小沙弥怔住了，不知如何作答。

禅师："正写是字，反写也是字，你说它是'我'字，又认得出那是反写，主要是你心里真正认得'我'字；相反的，如果你原不识字，就算我写反了，你也无法分辨，只怕当人告诉你那个是'我'字以后，遇到正写的'我'字，你倒要说写反了。"

禅师又接着说："同样的道理，好人是人，坏人也是人，最重要的在于你须识得人的本性，于是当你遇到恶人的时候，仍然一眼便能见到他的善恶，并唤出他的'本性'，本性既明，便不难度化了。"

善人要度，恶人更要度；越是污泥，越可长出清净莲华；放下屠刀，可以立地成佛。所谓善恶正反，只在一念之间。"善恶是法，法非善恶"，从本性上看，没有一个人不可度啊！

唐朝的黄檗禅师，出外游学时，半路遇见一位深藏不露的高僧，两人一起同行，走到一处，碰到溪水暴涨，不能过河。黄檗禅师便将锡杖往水中一插，脱去脚靴倒挂在杖头，然后就地打坐起来。高僧见状便说："过去，过去呀！"

黄檗禅师仍旧坐在原地，面不改色地说："要过你自己过，我要在此地休息。"

高僧于是自己渡河去了，行在水中如履平地，涉过水中央时，还转头叫黄檗禅师："跟上来呀！"

黄檗禅师见他果真自己行渡过溪，大喝一声说道："早知道你是个自了汉，便先斩断你的双腿，不让你过河。"

高僧哈哈大笑地说："伟大！真是一个了不起的大乘法器。"

乍看之下，可能不了解其中的玄妙处，尤其当黄檗禅师恶言相加时，高僧反倒哈哈大笑，赞叹黄檗禅师是了不起的大乘法器。禅的转机在此，禅悟也在此。黄檗禅师看到眼前居然是一个自利而不利人的自了汉，因此才喝斥他，给他一番提拨。而这位高僧是在天台山证悟得道的大阿罗汉，他故意试验黄檗禅师的道行，看到黄檗禅师早有自觉觉人、自度度人的器度，因此才称赞他为济世利群的大乘菩萨。

从以上一些例子来看，可以知道禅师的矛盾言语，其实是透过禅悟的自性所流露出来的智慧。我们可以从中体会他们生活的境界，何止如陶渊明的"结庐在人境，而无车马喧"的境地而已？陶潜的心灵境界是澄明通净的，但是还有"境、我"之分，并且尚有车水马龙、桃花源地的差别，而禅者的心却早已根除这种分别意识。就禅师而言，纵然是龙潭虎穴也可以是参禅的山水地，何必一定要桃源林下；刀山剑树也可以是法座禅床，何必一定要软垫敷具？有一首诗描写得好：

> 刀山剑树为宝座，龙潭虎穴作禅床；
>
> 道人活计原为此，劫火烧来也不忙。

三、从艺术的生活里看禅的世界

前面提到禅者生活的艺术化，现在就以禅的艺术生活，来说明禅者升华的境界。

时下一般住屋，大抵都是高楼大厦，里里外外的装潢格式，可以说十分进步，不但要求新颖堂皇，更讲究美轮美奂的艺术化，譬如庭前庭后绿意盎然，立地长窗满是生趣，这一切无非是艺术化的表征，也是禅机的运作显露。禅既然无所不在，与我们的生活息息相关，我们怎可轻易放弃周围的任何禅机呢？以下从四个层面来说明禅者的艺术生命：

（一）禅园

日本京都有一间龙安寺，闻名遐迩，前往日本的游客大多会去参观。龙安寺最特殊的地方在于它的庭园，这座庭园没有青翠繁郁的花草树木，只有十几块石头和许多白沙铺成，看起来没有什么了不起，但是经过禅者的灵巧设计，深具吸引力。许多人到了这里，静静地坐在玄关上，望着冰冷却柔软的白沙，任想象海阔天空地飞驰，翱翔在禅那深旷空灵的世界。

中国有一句老话："天下名山僧占多。"天下的名山灵刹全出自禅者的妙手，峨嵋山、普陀山、五台山、九华山四大名山，乃至近代的上海哈同花园，都表现了禅园特有的韵致，禅园的建筑风格，深深影响中国庭园的设计，尤其今日讲究美化家园、美化心灵，禅园可以提供我们作为参考。

（二）禅画

画，是生命最深沉的静态表征，但一幅画的绘画过程却是动态的。画面呈现一只沉寂入定的狮子，但是画家描摹的过程也许不知看尽多少狮子或动或静的情状；画宁静大海的沉，和浅滩毕露的浮，画师可能要费上半辈子的生命，才能捕捉瞬间的生命之光，而这通明的"光辉"，却是禅者信手拈来，随机可得的巧思。

譬如，从达摩祖师的禅画里，可以意会达摩东来传法的坚毅精神；从禅师接机传灯的禅画里，可以感受禅者庄严慧命的延递；从烟岚岭月的山水禅画里，可以清明地勾勒出禅的深邃生命。家中如果挂一幅禅画，会使室内的气氛活泼盎然起来。

（三）禅味

禅是有味道的，我们平常对酸、甜、苦、辣各种杂陈百味都十分敏感，但是对禅却不一定随时都能"知味"。

唐朝有一位懒瓒禅师隐居在南岳的一个岩洞，他写了一首诗：

世事悠悠，不如山丘，

卧藤萝下，块石枕头。

不朝天子，岂羡王侯，

生死无虑，更复何忧。

这首诗的意思是说世事复杂难懂，扑朔迷离，不如三三两两几块小石头来得亲切可爱。那种以天为棉被，把地作卧铺，悠游山水的生活才是最真挚有味的。哪里还有闲暇去理睬朝廷君王的事呀！一切功名利禄、荣华富贵如同浮云，生死都已经置之度外，不足为念了，哪里还有功夫去计较什么是非忧乐呢。

这首诗传到天子的耳里，后果当然不堪设想，当时是唐德宗在位，便派侍卫去逮捕这个和尚。侍卫拿了圣旨寻找到岩洞，正好瞧见和尚在洞里举炊，侍卫便在洞口大声呼叫："圣旨驾到，礼敬迎接……"这个懒瓒禅师装聋作哑，毫不理睬。

侍卫探头一瞧，只见禅师以牛粪升火，炉上烧的是石头，火势越烧越炽，烟火弥漫，整个洞里洞外黑雾缭绕，熏得禅师涕泗纵横，侍卫看了告诉他："大和尚，你的鼻涕流下来了，为何不擦一擦？"

"我才没有这个闲空为俗人擦鼻涕呢！"

禅师边说边夹起炙热的石头，一口吞了下去，连口赞道："好吃！好吃！"侍卫见状，不禁瞠目惊奇，看到他一副津津有味的模样，也流下口水，一旁说道："老和尚，什么东西这么好吃？"

这就是味道。侍卫无法如愿，只好回廷据实以告，德宗听了，十分感叹地说："如此和尚，真是人间之福啊！"

禅的味道必须细细去品玩，才能体会其中的妙味！

（四）禅诗

历来有许多含义深远、耐人寻味的禅诗，大都是悟道的禅师们对悟境的抒发，每一首诗都表现着圆满纯熟的生命，譬如：

蝇爱寻光纸上钻，不能透处几多难；

忽然撞着来时路，始觉平生被眼瞒。

这首诗描写的是我们被光怪陆离的现象界迷惑了，就像苍蝇迷于纸窗上的光芒，只知一味向前冲锋，不知悬崖勒马、回头是岸，等到幡然省悟时，已经徒费了多少岁月。描写回头人生的宽阔、转见生命通达的禅诗，在禅师们的语录中比比皆是，列举两首脍炙人口的禅诗：

手把青秧插满田，低头便见水中天；

身心清净方为道，退步原来是向前。

以及：

万事无如退步人，孤云野鹤自由身；

松风十里时来往，笑揖峰头月一轮。

这两首诗表现禅者恬淡无争，以退为进的睿智，也流露出禅者随缘放旷，任运逍遥的豪迈胸襟。以其无争而天下莫能与之争，以退为进而宇宙莫有能阻挡者，可惜世间的众生只熙熙攘攘于前进，而不能享受禅者这种退步的本自具足。

另外，朱元璋年轻当小沙弥时，也有一首气度恢宏的禅诗：

天为罗帐地为毡，日月星辰伴我眠；

夜间不敢长伸足，唯恐踏破海底天。

语气磅礴雄迈，颇有帝王之势，朱元璋日后成为九五之尊，也就不足为奇了。

以上是从各个角度来透视禅师的艺术生活里所呈现的禅境。禅容易学，但是禅也不容易领会。唯有把平淡、琐碎的生活艺术化、禅味化，进而升华成一幅禅的画、一首禅的诗，才能让自己徜徉于禅园里。

四、从违逆的人情里看禅的世界

唐朝的黄檗禅师创建一座寺院，即将落成时，请一位写得一手好字的弘赞禅师，为他题写"第一义谛"四个字。当弘赞禅师写完第一张时，黄檗禅师不满意，要他重写；再写第二次，又被黄檗禅师否定。如此连续不断地写了84张，还是没有一张合适的，弘赞禅师急得汗下如雨，已经身心俱疲了。

这时候恰巧外面有客人来访，黄檗禅师便走出去接待客人。弘赞禅师心想：堂堂一位书法大家，竟然如此无能，连"第一义谛"四个字都写不好。信手拈起笔来，挥毫了一张，浑然天成。黄檗禅师会完客，走进来瞧见桌上这幅字，运笔雄浑有力，由衷赞叹道："好极了！神妙的笔法。"

因为黄檗禅师在场逼视，弘赞禅师被他咄咄逼人的目光紧盯不放，心中有所挂碍，反而不能大展身手，挥洒自如。但是也正因为黄檗禅师的逼迫，一如禅所惯用的"置之死地而后生"的方法，紧逼至穷巷死角，身心如桶底之脱落，便能如同蛟龙入潭，兴风作浪了。有时看似违逆的人情，正是禅的大机大用。

仙崖禅师擅长绘画和书法，有一次，一位信徒喜庆作寿，礼请他去题字，希望他说些好话讨个吉利。只见仙崖禅师当场挥毫："父死，子死，孙死"六个字。这家员外看了一怔，满脸不悦地骂道：

"你这个老和尚，今天是我做寿的良辰吉日，请你来题个吉祥话，你为什么好话不说，专说些晦气的话呢？"

仙崖禅师回答："这句话十分吉祥如意，父亲百年寿终了，才轮到儿子死；儿子年老死了，孙子才接着死去，这不是长幼有序、生死依时吗？难道你要白发人送黑发人，子孙都先死了，才老来寂寞，后事凄凉吗？"

禅师们的思想行止都是从禅悟的境界而来，我们如果从禅师违逆人情的言笑之中，遽然给予世俗的评价，反而不能见到禅的真章。禅是扬弃既定的观念，是一匹独步于苍穹的脱缰野马。

禅师往往以无理对待有理，以无情对待有情，来显示他神奇高妙的智慧与深沉蕴藉的慈悲。

有一次，黄龙慧南禅师对一个侍立在他身旁的学僧问道："百千三昧，无量法门，作成一句话说给你，你还相信吗？"

"师父真诚的言语，怎敢不信？"

黄龙禅师指着左边说："走到这边来！"

学僧正要走过去，黄龙忽然斥责道："随声逐色，有什么了结的时候？出去！"

另一位学僧知道了此事，立即走进去。黄龙禅师也用前面的话问他，他也回答："怎敢不信！"

黄龙禅师又指着右边说："走到这边来！"

这位学僧坚持站在原来的位置，不向右边去。黄龙又斥责道："你来亲近我，反而不听我的话，出去！"

禅者不悟道时，这也不是，那也不是。如果悟道时，大地山河，一切都是佛法。禅宗有公案，你有柱杖子，我给你的柱杖子；你无柱杖子，我夺却你的柱杖子。叫走这边，这边不对；叫走那边，那边亦错。不是这边，不是那边，仍要出去，只因学僧未契于心。假如学僧走左边，再到右边，然后站原地，不知黄龙禅师，还有什么高招么？

玄沙师备禅师有一天上堂开示弟子们说："在接应群机、救度众生的时候，如果遇到盲、聋、哑这三种人，要如何来教化他？眼睛瞎了的盲者，你拿起锤子、竖起拂尘，他又看不见；耳朵听不见的聋子，你和他讲话，他又听不到语言三昧；喉咙瘖哑的哑巴，叫他回应又发不出声。各位可有什么妙法可以度化这三种人？如果大家想不出度化这三种人的好办法来，佛法也没有什么灵验可言。"

大众僧你看我，我看你，瞠目结舌，答不出话来。其中有一位云水僧因此把这段公案拿去请教云门禅师，云门禅师听了，突然对这位云水僧说："你既然来请教我，见面怎么不礼拜呢？"

云水僧听了，赶快就地一拜，抬起头来，看到云门禅师拿着挂杖迎头打了下来，云水僧一惊，赶忙退后一闪，云门禅师看了哈哈一笑说："你并没有眼盲嘛！来，走上前来。"

云水僧依言走上前去，云门又紧接着说："你的耳朵也没有聋呀！来，这其中的意思你懂了吗？"

云水僧听到云门禅师在问他，随口应了一声："学人不懂。"

"咦？你根本就没有哑呀！"

云水僧当下有悟。

世上有许多有眼不能视、有耳不能闻、有口不能言的残疾人，需要禅师这种迅雷不及掩耳的霹雳手段，快刀斩尽妄执、分别的识苗，截断爱恨、贪恶的秽流，还给我们一个清净坦荡的生命。

从前有个出家人，睡觉时从来不锁房门。有一天，夜行贼前来寺院偷盗。这小偷翻箱倒柜，东摸西找，就是找不到一样值钱的东西，于是便想作罢，正要开门脱身时，躺在床上的法师突然说道："喂！把门关好再走吧。"

这小偷竟然振振有词地回答道："你，就是这般懒惰，难怪穷得一件值钱的东西也没有！"

"你这个人真是岂有此理，我为什么要辛辛苦苦挣钱，积聚宝物让你来偷呢？"和尚理直气壮地回答。

像这样小偷和主人撞见了，还进行一番诙谐有趣的幽默对答，真教人难以置信。禅者生命的升华境界就在于此，在违逆的人情之中屡见至情至性的奇峰。事实上人与人的相处对待，如果能做到坦坦荡荡、磊落自在，互相都以一颗真挚良善、清净无染的心相向，这就是人格的提升，生命的升华了。

不论从禅师的平常事务、矛盾语言、艺术生活或违逆人情当中，我们都能发现，原来禅的境界就是境我融一，浑然与宇宙万有合为一体的和谐气象，而我们所要的，不正是这种光风霁月的生命世界吗？什么才是独立自主的心灵、逍遥自在的生活及悠然自得的生命？欲窥性命的生机，唯有用心参禅。以下提供修禅的十点座右铭：

1. 早起未更衣，静坐一支香。

2. 穿着衣带毕，必先礼佛祖。

3. 睡不超过时，食不十分饱。

4. 接客如独处，独处如接客。

5. 寻常不苟言，出言必定行。

6. 临机勿退让，遇事当思量。

7. 勿妄想过去，须远虑将来。

8. 负丈夫之气，抱小儿之心。

9. 就寝如盖棺，离褥如脱屣。

10. 待人常恭敬，处世有气量。

这些座右铭不仅禅者要守之作为悟道资粮，常人如能遵行，虽不能悟道，也离道不远了。

1983 年 5 月 1 日讲于大甲中正纪念馆

净土思想与现代生活（一）

如何建设人间的净土？
要有美好的环境。
要有安全的居所。
要有善良的亲友。
要有自由的生活。
要有净化的感情。

佛经里一再强调，我们这个世界是"娑婆世界"，意思是说这个世界苦恼很多，是一个黑暗无光的地方，因此，我们向往清净光明而又安乐的净土佛国。

虽然目前社会繁荣，经济成长，生活水平提升，然而各种公害与环境污染，几乎让我们难以平安地生存下去。以下举出六点严重威胁生存的事实：

1. 核能的威胁：核能试爆，使核辐射蔓延，人类的健康固然受到威胁，生存的环境也越来越困难。过去，苏联的核能电厂发生意外爆炸，核辐射在空气中扩散，使得欧洲人发生恐惧，他们的健康直接受到威胁，连农作物与牛奶也受到污染而不能食用。

核能电厂固然为我们提供了更多的能源动力，但是核能废料究竟会为我们后代的子孙带来多少麻烦与灾害，是难以预料的。其他如广泛使用的塑料袋、废弃的电池、变压器，以及尼龙袋等，都是含有毒素且不容易销毁的东西。将来在大自然里，这许多被废弃的毒素，势必严重影响我们的生存。

2. 生态的破坏：近来由于山林的过度开发，且又疏于水土保持，往往豪雨过后，土石流窜，山崩四起，多少家庭因此毁于一旦，多少生命埋没于乱石土堆中。假如山林不滥砍，水土做好保持，这种灾害也许就不会发生。

此外，山林里有很多珍禽异兽，但由于人类的滥捕滥杀，几乎濒临绝种。在这世界上，所有的生物都必须相互依存、均衡发展，难道人类任意残杀其他的动物之后，就能独自生存在地球上吗？

鱼儿在水中悠游戏水，这是多美好的生态现象。然而有些贪婪的渔民，过去用竿钓，用网捕，现在进一步用炸、用毒、用电，水里的鱼虾不分大小，不是被炸昏电昏，就是被毒死电死，真正是赶尽杀绝。每年，灰面鹫和伯劳鸟，因为气候的关系，会在台湾屏东恒春过境徘徊，可是有些人就会想尽方法猎捕残杀。人类如此不计后果地破坏生态，大自然的资源慢慢枯竭，实是自绝生路，终将自食恶果。在加拿大，所钓到的鱼如果不到一尺，一定要再放回水中，不然就会受法律的制裁。他们对于维护自然资源，实在很有远见。

3. 环境的污染：例如每天的垃圾里有好多化学制品的废弃品，大都是有毒素的，这些化学废物，无论是放在水里、埋在土里，都会产生污染，而影响我们的健康。

农药毒物的外泄，工厂废气废水的排放，使人类的健康受到威胁，台湾西海岸的牡蛎也变了颜色。还有，商人为了贪图自己的利益，焚烧废弃的五金、电线、电缆，产生二噁英毒气在空气中传播等。我们这个娑婆世界，是越来越污浊不净了。

4. 毒气噪音污染：过去美国人在印度开的化学工厂，因为毒气外泄，上万人就这样牺牲了。台湾新竹的一家化学工厂，也曾发生毒气外泄，带给附近民众极大的危险。

日本大阪曾经有过这样的事情：多少年来，天空中都见不到一只飞鸟。有一天，忽然有一只鸟从空中飞过，立刻轰动了全大阪，甚至整个日本，大家都在说："我们大阪的空气改进了，天空又有鸟在飞翔了。"

又有一次，电台广播说：根据调查，北海道的马铃薯已被泥土中残留的农药毒素渗入，所以不能吃。电台一播放，每一位到市场买东西的顾客，都不买北海道来的马铃薯。

日本奈良有很多温驯的鹿。它们原本对人类很友善，会主动跑来吃人们手上的饼干，但是后来奈良的鹿竟会攻击人。为什么善良温驯的鹿，会变得这样暴躁呢？研究的结果，发现是汽车的喇叭噪音，让鹿的性情变得暴躁，见人就发脾气，甚至对人攻击。现在社会上的各种噪音，也带给人们精神上的困扰与压迫，慢慢地心里不能宁静，当然会有反抗的暴力出现。

5. 恐怖暴力污染：现今社会上的恐怖暴力事件越来越多，已经危害到大众的生命安全。从媒体报道得知，许多银行、邮局抢劫案中的年轻人，并非没有工作能力，只是以杀人抢劫寻求刺激与快乐，甚至一而再，再而三，犯下许多案件又毫无悔意，让人觉得这个世界已经被恐怖的气氛所笼罩。

有时走在路上，彼此之间只是无意地看一眼，便白刀子进，红刀子出；只是不经意地说一句话，就取了人家的性命。像这样的恐怖暴力事件越来越多，使得我们的社会无法清净祥和。

6. 思想上的污染：有很多人思想偏激，认知不清，充满邪知邪见，凡事不检讨自己，不责怪自己，却一味要求别人，责骂别人。

曾有这样的一段趣事：有一次棒球比赛，一个投手没有投好，观众大叫："换投手！换投手！"打击手出来打击，未能打击好，观众又叫："换打击手！换打击手！"裁判有一点点差错，又再大叫："换裁判！换裁判！"终于有一个有良知的观众，站起来大声地叫："换观众！换观众！"

另外，有些大众传播媒体，放弃社会责任，迎合低级趣味，腐蚀人心，带给人们思想上的污染，也是非常可怕的。上述种种污染，使我们的居住空间，我们的社会，失去了原有的和平、安宁、洁净、光明，而日趋恶浊丑陋。

而佛教的净土思想，正可作为现代人生活的参考指标。以下分为四点来说明净土和我们的关系。

一、净土在哪里？

常有人问：天堂地狱在哪里？净土佛国又在哪里？

1. 净土在净土的地方：净土到底在哪里？有人说：净土就是西方极乐世界。这也不一定的，因为还有很多其他的净土。

2. 净土在人间：净土在哪里？真正的净土，应该在人间。"佛法在人间，不离世间觉"，就是要建设人间净土。有时候到市场买菜，看到鸡、鸭被剖肚、拔毛、宰割，那就是刀山、地狱、油锅。相反的，也有人家的猫、狗，被养在很好的地方，主人把它当作宠物爱护备至，那就是天堂。人生也是一样，在艰难困苦的生活里，生不如死，真是比地狱还苦；也有的人住在高楼大厦，一切应有尽有，生活非常舒适，正如天堂一样。天堂地狱在哪里？天堂地狱就在人间，净土也可以实现在人间。

3. 净土在心里：我们不但建设人间净土，我们甚至可以建设唯心净土。如《维摩经》云："随其心净，则国土净。"这个世界是善是恶？是好是坏？可以随着我们每一个人的心而变动。

舍利弗尊者曾请问佛陀："十方诸佛都有其清净美好的净土，为什么只有佛陀您所居住的这个娑婆世界是五浊恶世，不像净土呢？"佛陀用足趾按地，大地霎时变为金色，他对舍利弗尊者说："舍利弗，你看看，这就是我的世界。"所以，"三界唯心，万法唯识"，只要我们重视心理建设，必定可以把娑婆世界建成一个美好的人间净土。

洞山禅师曾问他的门徒："天气如果太热，你们到哪里去避暑？"

大家回答："当然到气候凉爽的地方避暑。"

洞山禅师再问："寒冷的时候，到哪里避寒？"

弟子又回答说："当然要到天气暖和的地方避寒。"

洞山禅师非常失望，觉得这许多弟子一个个都没有出息，没有禅门修为。

弟子就问洞山禅师："师父，那我们应该到哪里避暑、避寒呢？"

洞山禅师说："避暑，当然要到很热的地方去避暑；避寒，要到很冷的地方去避寒。"

这个公案，说明了一个很微妙的道理，就是要用我们的心去转变环境，不要让环境来转变我们的心；必须面对现实，不逃避现实，才能改造环境。

有一次，唐朝诗人李白去拜访恒寂禅师，当时天气十分酷热，恒寂禅师却悠闲安静地坐在房间内。

李白说："禅师，这里好热哦！怎不换个清凉的地方？"

恒寂禅师说："我觉得这里很凉快啊！"

李白深受感动，于是作了一首诗：

> 人人避暑走如狂，独有禅师不出房；
>
> 可是禅房无热到，但能心静即身凉。

所谓"心静自然凉"，参禅也是一样的心境，"参禅何须山水地，灭却心头火自凉"，没有心头火的地方，不就是净土吗？

二、净土的种类

念药师佛的人，就会知道药师佛有东方琉璃净土。在药师如来的愿力之下，琉璃净土里的人们都过着丰衣足食、安和乐利的生活。

念阿弥陀佛的人，知道西方有一个极乐净土。在极乐净土里，所有的民众，都是莲花化生，他们不需要为生活操劳，为经济钻营，思衣得衣，思食得食。他们飞行自在，来去自如，没有交通事故的发生。那里没有任何污染，到处都是清净的流水和盛开的百花，更有所谓七重行树、七重罗网，非常清洁、美好、整齐。此外，也没有烦恼的忧患，没有恶道的恐怖，没有坏人，没有坏语，没有经济的匮乏，这就是西方净土的情况。

弥勒菩萨也有其兜率天的兜率净土。不管是要到东方琉璃净土，或往西方弥陀净土，必须念佛念到一心不乱，不可以少福德因缘,得生彼国。但是,像弥勒菩萨的弥勒净土,就不必完全断除那么多烦恼,且距离娑婆世界也比较近,无论出家、在家都可以上生弥勒净土。弥勒净土的情景,在《弥勒上生经》有详细地记载。太虚大师、慈航法师都曾大力提倡弥勒净土。

弥勒净土与娑婆世界比较起来,有以下几个非常殊胜的地方:

1. 寿命很长。

2. 欲乐很殊胜。

3. 身体很高大。

4. 定力很安乐。

此外,华严净土是法身佛的净土,以清净法身毘卢遮那佛为教主,具足无量相海功德所庄严的妙境。三世诸佛同为一际,一一毛孔中涵容法界,一切境界都是重重无尽,甚深广大。能体会这种净土,一刹那就是永恒,微小里包含广大无边。所以在华严净土中,须弥藏芥子,芥子纳须弥,小中有大,秽中有净,暂时亦能长久,动中不失其静。

而最殊胜的净土,应该是人间净土。现世社会的人间净土中,应该具备哪些基本条件呢?

1. 没有杀戮:即是没有无故的杀害。

2. 没有盗窃:我的生命不受他人的侵犯,我的财富也不会有人窃取。

3. 没有邪淫:我的身体、我的名节,不受他人的侮辱破坏。

4. 没有诽谤:我的名誉,没有人随便诽谤诬蔑。人际之间没有诈欺,彼此真诚,相互尊重。

假如我们的社会里,没有人侵犯我的身体,没有人侵占我的财产，没有人损害我的名誉，也没有人侵犯我的自由，这不是很美满的人间净土吗？

赵州禅师发愿往生后到地狱去，和地藏菩萨一样普度苦难的众生，即怀着无限的慈悲，带着广大的行愿，所谓"我不入地狱，谁入地狱"。慈航法师也说："只要一人未度，切莫自己逃了。"

只要心中有佛，性净意纯，哪里都是净土，地狱也会变成天堂。

现在的人有地毯、有冷气，坐的是沙发，睡的是席梦思，可是住在屋里的人有烦恼、有压力，睡觉也睡不着，坐也不是，站也不是，不能自由，不能自在。而古代许多禅门大德，因为有了禅心，不仅在酷热中可以安坐，连在苦难中都能自在，所以，唯心净土能使我们任意逍遥自在。

有一位地方官拜访白隐禅师，请教佛门常说的地狱与极乐，是真实的呢？还是一种理想？希望禅师能带他参观真实的地狱与极乐。

白隐禅师立刻用许多最恶毒的话辱骂他，这位长官十分惊讶，刚开始基于礼貌，长官没有回嘴，最后实在忍不住了，随手拿起一根木棍，大喝："你算什么禅师？简直是个狂妄无礼的家伙！"说着用木棍就往禅师身上打下去，白隐跑到大殿木柱后，对着面露凶相追赶过来的长官说："你不是要我带你参观地狱吗？你看你！这就是地狱！"

那个长官察觉到自己的失态，急忙跪地道歉，请禅师原谅他的鲁莽。

白隐禅师笑着说："你看，这就是极乐。"

我们的心，每天从天堂到地狱不知来回多少次，要想常住天堂,只有虔修唯心净土。

三、净土的情况

1. 在净土里的人际关系是不疑惑、不嫉妒、不欺、不侮、不妄语、不骗人、不打、不斗,没有烦恼是非;净土里人与人之间相处,会给人信心,给人欢喜,给人力量,给人方便。

2. 净土中的生活是安乐的生活,一切都能随其所需、随心所欲。因为过去曾与人结缘、播种,所以在净土的生活,一切资源都会自然而来。每天在真理中过着欢喜的生活,在禅悦中过着禅定、安静、愉快的生活,在智慧般若海中享受快乐幸福。

3. 在建设上很有成就,有所谓的黄金铺地,七宝楼阁、八功德水,物质建设像现代都市的富丽堂皇,自然界像公园那样美好整洁,尤其在净土里,每一个人都把慈悲的福田耕种得很好,品格道德也都提升到很高的境界。

四、净土与我们的关系

我们需要一个怎么样的净土呢?要让我们的社会、我们的世界能像药师如来的琉璃净土、阿弥陀佛的极乐净土、弥勒菩萨的弥勒净土一样,也成为一个人间净土。

如何建设人间的净土呢?

1. 要有美好的环境——道路如极乐世界一样的平坦,房屋建筑、树木花草像极乐净土一样的整齐。环境非常干净,公共设施非常便利,社会中只有公益,没有公害,只有美好,没有脏乱。

2. 要有安全的居所——所居之处,没有坏人的侵犯迫害,没有台风、洪水、地震等天灾，邻居都是有道德的善友，外出旅行方便而自由，看到的都是慈祥的面孔，听到的都是美好的音声。我们住家的四周都是公园、学校、图书馆、文化中心，到处都是树木花草。

3. 要有善良的亲友——仿佛极乐世界一样，诸上善人聚会一处。我们的亲戚朋友都是正直高尚人士，不以金钱相结合，不以酒肉享乐相交往，大家以论道做朋友，以知识来做朋友，以修行来做朋友，以服务、喜舍、布施来做朋友。

4. 要有自由的生活——在家庭或社会上，无论身处何处，都不会有危险、有迫害。政治上，人人有自由参与的权利；商业上，人人有自由经营的权利；活动上，大家都可以自由参加正当的娱乐活动。人人享有自由，并且尊重不侵犯他人的自由。

5. 要有净化的感情——人又称为有情众生，人的生存从情爱而来，是少不了感情的。可是感情最容易被污染，像盲人骑瞎马一样危险，我们必须以智慧来净化感情，以慈悲来引导感情。

若要实现生活中的净土，就必须改变我们的观念，改变我们的心理。如果心念不改，每天在贪、瞋、痴里打转，即使走遍天下，甚至到西方极乐世界，那也不是我们的净土。

有一位虔诚的佛教信徒，每天都从自家的花园里，采撷鲜花到寺院供佛，一天，当她正送花到佛殿时，碰巧遇到无德禅师从法堂出来，无德禅师非常欣喜地说："你每天都这么虔诚地以香花供佛，依经典的记载，常以香花供佛者，来世当得庄严相貌的福报。"

信徒说："是呀！当我每次来寺礼佛时，自觉心灵就像洗涤过似的清凉无比，但回到家中，心就烦乱了，作为一个家庭主妇，如何在烦嚣的尘世中保持一颗清净纯洁的心呢？"

无德禅师反问："你以鲜花献佛，又是怎样保持花朵的新鲜呢？"

信徒回答："保持花朵新鲜的方法，莫过于每天换水，并且于换水时把花梗剪去一截，因为花梗的一端在水里泡久了容易腐烂，一旦腐烂了，水分不易吸收，花就容易凋谢。"

无德禅师说："想要保持一颗清净纯洁的心，道理也是相同，周围生活的环境好比瓶里的水，我们就是花，唯有不停净化自己的身心，变化气质，并且不断地忏悔、检讨，改进陋习、缺点，才能不断吸收到大自然的营养。"

信徒听后，欢喜作礼，感谢地说："谢谢禅师的开示，希望以后有机会亲近禅师，过一段寺院中禅者的生活，享受晨钟暮鼓，菩提梵唱的宁静。"

无德禅师道："你的呼吸便是梵唱，脉搏跳动就是钟鼓，身体便是寺宇，两耳就是菩提，无处不是宁静，又何必等机会到寺院中生活呢？"

古德说："热闹场中作道场。"宁静，只要自己息下妄缘，抛开杂念，哪里不可宁静呢？ 如果自己妄想不除，就算住在深山古寺，一样无法修持，"参禅何须山水地，灭却心头火亦凉"。

所以净土在哪里？ 净土就在我们心中啊！

过去，有一只乌鸦，因在当地不受欢迎，决定换个地方，飞到半路上遇到一只喜鹊，喜鹊问它："乌鸦，你要飞到哪里去呀？"乌鸦就说："这个地方很讨厌，他们一直责怪我、骂我，我讨厌这里，所以我要飞走。"

喜鹊对乌鸦说："你不用搬家，你要知道这里的人之所以讨厌你，是因为你的声音不好听，就算搬到别处，但声音仍然不改，那地方的人还是会讨厌你的。"我们的观念不改，恶习不去，到哪里也不会有我们的净土。

因此，想在世间建设人间净土，首先必须建设唯心净土。

1986 年 5 月 27 日讲于高雄中正文化中心

净土思想与现代生活（二）

如果大家都能从心理上自我健全，
自我清净，自我反省，自我进步，
从而扩及家庭、社区、国家，
那么整个世界就是佛光普照的人间净土。

阿弥陀佛有西方极乐净土，药师如来有东方琉璃净土，毗卢遮那佛有清净法身自性净土，弥勒菩萨有兜率天的兜率净土，甚至维摩居士也有他的唯心净土。人人都有佛性，但我们的净土又是什么呢？以下为生活在现代社会中的大众，描绘出人间净土的理想蓝图。

一、平等包容是我们的净土

平等很宝贵，包容更宝贵。今日的世界，种族之间不平等，大国小国之间不平等，甚至男女也不平等，贫富更不平等……在现实的世界里，由于不平等的事情太多，是非、烦恼、仇恨、纷争才会不断地发生。

我们如果能感受到自己与三世诸佛的本性是无二无别、平等相同的，自然会自尊自重，把别人看成是未来的诸佛。《法华经》中的常不轻菩萨说："我不敢轻视汝等，汝等将来皆当作佛。"如果每一个人都能尊重别人的人格尊严，人间自然不会有纷争发生。

平等重要，包容更重要。世间上有很多事物相歧，如见解思想的不同，生活习惯的不同，语言文字的不一样，以及其他种种的不一样。我们要有容纳异己的心胸，有容乃大，大才能共存共荣；有各种不同现象的存在，才能显出这个世界的多彩多姿。

"竹密不妨流水过，山高岂碍白云飞"，竹子一根一根地密集生长，流水还是一样潺潺流过；无论山多么的高耸天际，也不妨碍白云飘过长空。不管世间的人怎样阻碍我，假如我们能像水一样柔软，像云一样逍遥，一样可以精进向前而又随缘自在。所以，世间给予我们的阻碍，不要太计较，只要自己有平等心与包容心，一切都能迎刃而解。

我们手中的五根手指头，一向都和平共处相安无事。有一天，这五根手指头，忽然互相争吵起来，大拇指说："这里面我最大。"同时竖起大拇指："你们看！我代表最大、最好！所以，应该由我来领导。"

第二根食指听了很不服气，说："这当中我最大最有用。我一伸，这里！那里！大家都听我的指挥，我才是最大，我叫食指，只有我动大家才有得吃，所以我最重要。"

中间的手指头也不服气地说："你们看五根手指头哪一根最长？我最长！哪一个在中间？我在中间！实实在在我是最大的。"

轮到无名指，它说："你们统统不要讲，手中真正最大的，应该是我无名指。你们有人以虚名为重要，有人以实际为最重要。我是无名指，虽然我不要名，但是，钻石和金戒指都会套在我的手指上，我才是最尊贵的。"

争来争去，大家都争第一，独有小拇指在旁边不开口。大家就问它："你怎么不讲话呢？"小拇指说："我有什么好讲呢？我最小、最后、最没用，我跟你们争什么呢？不过我虽然最小，但这只手如果没有我小姆指，只有你们四个指头，也不像一只手吧。"

大家一听，这个道理没错，因为有了小拇指才像一只手。这个时候，小拇指又再开口说："我们拜祖先、拜佛，要合掌礼拜，那时候我也是排在最前面哪！"

从平等的观点来讲，这五根手指头谁是第一？个个是第一，通通都有用。一只手如果只有一根手指，它是起不了作用，没有力量的。一定要五指并存，成为一只手，团结合作成为拳头，才有力量。所以，大家不必争我第一、我最好、我最大。只有团结、互助、平等、包容，为我们的社会、国家，建设一个更光明、更美好的明天才是最重要的。因此，平等、包容是我们的净土。

二、自由民主是我们的净土

不少人都想到西方国家去，例如美国、加拿大；欧洲如英国、法国、德国等等。以美国为例，美国是个自由民主国家，这种自由民主的生活方式，也类似大乘佛教的根性。

例如肯布施，他们不但帮助国内的老弱伤残，对失业贫病也有救济。美国可以说是个法治的国家，美国人也能忍耐，像排队，不管队伍再怎么长，也不会任意插队，更不会争先恐后，处处显得从容不迫，那种忍耐的修养令人敬佩，因此交通秩序也十分良好。

人民在休闲时活泼，但工作时一定全力以赴，充分表现精进不懈的精神。此外，无论搭飞机或坐火车，到哪里去旅游，都是静静的，不会任意吵吵闹闹，随时处在类似禅定的境界中。所以他们的科学，乃至社会人文都相当发达。现今追求自由民主的我们，每一个人也应该在生活中努力实践这才能迎头赶上西方国家。自由民主是现代社会的中心思想，也是人类追求的生活方式。早在 2500 年前的释迦牟尼佛，就具有这种自由民主的思想。

佛教讲业，业是最自由的，自作还是自受。你作恶犯罪，佛祖也不能保佑你；你做善事有功德，任何人也无法打倒你、贬损你。业，就是善有善报、恶有恶报。我们的行为、语言、思想所造下的一切，都会成为业，自己作的自己负责，这不是很自由吗？

佛陀也非常民主，他的姨母大爱道比丘尼，做了两件衣服送给他，他只肯接受一件，另一件则转送给僧团的大众。他常说他只是大众中的一员，这正是佛陀真正民主的地方。

自由民主这么好的名词，也有人随便滥用，只顾自己的自由，不尊重别人的存在；高喊民主的口号，却处心用计妨害别人、打击别人、破坏公益，这些都不是自由的真义。我们必须多受一些教育，多接受一些佛法。净土很美好，但真正的自由民主，才是我们美好的净土。

三、慈悲喜舍是我们的净土

我们平时所依据奉行的道理是什么？一天当中，我们的心念又安住在生活的哪一个层面上？《华严经》说："常乐柔和忍辱法，安住慈悲喜舍中。"即是告诉我们应常常欢喜柔和忍辱法，并安住在慈悲喜舍上。

信奉佛教的人很多，心中真正有佛法的人却很少，具有慈悲喜舍、柔和忍辱的人更不多见。我们以慈悲喜舍作净土，透过修持，期许能够"愿将佛手双垂下，抚得人心一样平"，将双手化作慈悲的手，给人服务，给人帮忙；让我们的眼睛，成为慈悲的眼睛，给人亲切、和善与慈祥。

让我们以慈悲的口、慈悲的眼、慈悲的语言、慈悲的声音、慈悲的欢笑、慈悲的眼泪、慈悲的心对待他人。然后，用这种清净温柔的心，来转山河大地。水，可以成为慈悲解渴的水；路，可以成为慈悲行走的路；山，可以成为慈悲深重的山；树，可以成为慈悲荫凉的树。一切都由心转，整个宇宙人生会变得更加慈悲可爱。

慈悲的花草，给人欣赏；慈悲的树木，给人乘凉；慈悲的大地，承载众生。甚至因为慈悲的指引、慈悲的开导、慈悲的手段，进一步做到每一个人都是慈悲的人，我的家是一个慈悲喜舍的家，我的团体是一个慈悲喜舍的团体……乃至我们的国家，也是一个慈悲喜舍的国家。慈能与乐，悲能拔苦；欢欢喜喜帮助人，没有目的，没有企图，也没有邪恶的贪心。要做到慈悲喜舍，必须有三种观念：

1. 自他互易：把自己和他人的立场换一换，就能产生慈悲心。我对你之所以不能慈悲，是因为你不是我，假如把你的痛苦当作是我自己的痛苦，就会生起慈悲了。

2. 怨亲平等：没有敌我之分、怨亲之别，一切平等对待。有时，怨家也会成为我们的逆增上缘，亲人反而破坏我们的好事。假如怨亲平等对待，就会避免许多不必要的差别。

3. 自他同体：能不分你我，才是无缘大慈，同体大悲。你和我，不是两个，原来是一体，例如自己身上长了垢秽的脓疮，因为在自己身上，所以会细心爱护，为它治疗。如果能把别人身上的脓疮，当作是长在自己身上，就会同样细心地为他治疗了。

四、安住禅心是我们的净土

禅心，是清净自在而无所挂碍的净土。把自己安住在"禅"的里面，禅就是我的净土。所谓"心头无事一床宽"，心里没有事，纵然是一张小小的床，也好像是三千大千世界一样的宽广。

有一个犯人，住在很小的牢房里，每天生活的圈子很狭窄，他感到非常委屈。有一天，牢房里飞来了一只苍蝇，他就扑打它，苍蝇飞到东边，他向东边一扑；苍蝇飞到西边，他又往西边一扑，就这样在牢房里打来打去，居然打不到这只苍蝇。这时，他才觉得：我这牢房不小啊，居然连只苍蝇都捉不到。

有很多人被关在有形的牢狱里，也有不少人，把自己囚在无形的心牢中。为什么不从心的牢笼里挣脱出来呢？有了禅心，身心就能解脱无碍；有了禅心，对一切外境的大小，也能无所挂碍。禅心即是无心，即是不动心。

尽管是花红柳绿的社会，冷暖无常的人间，只要你对它不动心，日子就会很好过。有两句禅诗写得很好："竹影扫阶尘不动，月穿寒潭水无痕。"风吹竹子，竹影随风扫着台阶，可是台阶上的灰尘并未移动；天上的月亮照在水里，月色穿入潭水，可是潭水没有波痕。不管世间的变化如何，禅者的心，是不会为外境所动的。正如无门禅师说的：

春有百花秋有月，夏有凉风冬有雪；

若无闲事挂心头，便是人间好时节。

有一位朱慈目居士是对净土法门非常有修持的信徒,一天特地去拜访佛光禅师道:"禅师,我念佛拜佛已经二十多年了,最近在持佛号时,好像不太一样。"

佛光禅师问道:"有什么不一样呢?"

朱慈目道:"我过去在持佛号时,心中一直有佛性,就算口中不念,而心中仍然觉得佛声绵绵不断,就是不想持,但那声音仍像泉源,会自动流露出来。"

佛光禅师道:"这很好呀! 表示你念佛已念到净念相继,与佛相应,找到自我的真心了。"

朱慈目道:"谢谢禅师的赞叹,但我现在不行了,我现在很苦恼,因为我的真心不见了。"

佛光禅师道:"真心怎么会不见呢?"

朱慈目道:"因为我与佛相应的心没有了,心中佛声绵绵不断的净念相继没有了,要找也找不回来了。禅师! 我为此好苦恼,请您告诉我,我到哪里去找我的真心呢?"

佛光禅师指示道:"寻找你的真心,你应该知道,真心并不在任何地方,你的真心就在你自己的身中。"

朱慈目道:"我为什么不知道呢?"

佛光禅师道:"因为你一念不觉,和妄心打交道,真心就离开你了。"

信徒朱慈目听后,似有所悟。

真心没有了,这就好像说失落了自己,找不到自己的家门。人为什么会迷惑? 总是因为虚妄覆盖了真心,永嘉大师说:"君不见,绝学无为闲道人。不除妄想不求真,无明实性即佛性,幻化空身即法身,法身觉了无一物,本源自性天真佛。"就是这个意思。

在台湾动荡不安的时代里,如果我们不能安住在禅心里,不在心理上建设净土,就不容易感受到生活的美好。

五、大乘方便是我们的净土

在群体生活中,无论是读书、做人、做事,为社会为国家,都需要有无量的方便作为我们的净土。

有一座寺院,安装了一尊非常庄严的阿弥陀佛圣像,请慧空老法师去开光。未开光之前,老法师进入大雄宝殿,不诵经也不拜佛,就在大殿里躺下来睡觉。当家师看了上前告诉他:"法师,这里是大雄宝殿,阿弥陀佛供在那里,你这样子不庄严、不威仪,不太好吧!"

老法师回答:"阿弥陀佛是我们的父母,我今天来到这里,是回到了家,当然可以随便自由了;你们这样子,不像亲生儿子,倒像个义子,不把阿弥陀佛当亲父母。我如果不是亲生的儿子,怎么会这么自在呢? 好,不睡就不睡。"说完老禅师就上前把阿弥陀佛从中间请了下来,他跟佛像一起坐在窗口。

当家师又忍不住了开口:"佛祖应该放在大殿中间,你把他放在窗边做什么呢?"

"窗口清风徐来,十分清凉,佛祖应该在这里呀! 你们把他放在空气不流通的地方,他的日子不好过呢。"这时候,老法师发现很多人在旁边看热闹。就问:"你们看什么呀?"

"这佛像很好看……"

"既然这样,这帽子上的宝珠给你,颈项上的念珠给你。"老法师把佛像的饰品拆下来，给你给他，都给别人了。

当家师看了，有些生气："老法师，你怎么能这样呢？"

"你不是找我替佛像开光吗？佛祖的光要给人啊！佛祖过去割肉喂鹰、舍身饲虎，连头脑、眼睛都挖出来布施给人。今天来了这么多信徒，这点东西，当然也应该布施给人，这种布施不是最好的开光吗？既然你们不喜欢，我就把佛像带回去。"

说着，慧空老法师就把佛祖请回去了，不少信徒跟着他坐上船，大家一路称念阿弥陀佛圣号。忽然间，起了大风大雨，船在大浪中摇动得要翻倒似的。这时候大家不念阿弥陀佛了，为了活命，转拜妈祖："妈祖！赶快来救我！"好不容易台风过去了，大家走出来一看，老法师竟然抱着佛像在睡觉。"老和尚，老和尚，你还睡得着啊。"老和尚被摇醒，一看："这是哪里呀？还在娑婆世界啊！我以为已经和阿弥陀佛到了西方净土呢！"慧空老法师并不是在游戏，而是行大乘方便的法门。

又如持戒严谨的末利夫人，为了救一个厨师，而犯戒喝酒，这也是大乘方便的利用。玄奘大师为了度窥基出家，甚至准许他出门带三车：一车的美女、一车的酒、一车的书，当时的人都称窥基为三车和尚。佛门是禁色、禁酒的，玄奘大师如此作为，也是一种大乘方便的利用，没有这种方便，怎会有后来的一代慈恩大师呢？

我们学佛法要洒脱，要高人一些，就必须用超越的智慧来看大乘方便法门，所以大乘的方便也是我们的净土。

六、清净唯心是我们的净土

有一位老师父，在路上见到一个年轻人骑车掉到水沟里。老师父赶快过去把他拉起来，并帮他清洗满身的污泥。因为水沟很臭，老师父帮他洗的时候，难闻的臭气阵阵扑鼻。旁边的徒弟就说："师父，他全身那么臭，你为什么要帮他洗呢？"

老师父很不客气地说："他，身体很脏；你，心里更脏。"

怎样消除我们内心的污染，成为清净的净土？早上起来，看到报童送报纸，这时心里想到：如果我也能和报童一样，送一份什么东西给人，那多好呢！天还没亮，就有清道夫在清扫垃圾，那时心里想着：假如我也能和清道夫一样，清除心理的污垢，不知该有多好！上班的时候，看到警察在那里指挥交通，那时你就想：假如我也能做个警察多好，不但维护社会的交通秩序，也可以用来规范自我的身心。

有一个中国小孩，在美国喝可乐，吃完后把罐子随地一丢，后面立刻有一位老太太叫了起来："喂，小朋友，把那个罐子捡起来。"小孩看了看她，说："关你什么事？"

老太太道："怎么不关我的事情？你乱丢垃圾制造脏乱，破坏这里的环境，我的房子就跌价不值钱，怎么与我没有关系？"

人人自己做自己的"警察"，也做社会的"警察"，共同来维持秩序，我们心里的净土才能实现。

七、勤奋愿力是我们的净土

在这现实的社会，别人对我们的侮辱，不必认为可耻；工作卑微，不要以为自己卑下；艰难困苦，也不必视为挫折失败。事业顺利，有了光明的前途，也不必过分志得意满；我们为人服务，度化众生，也不要认为是负担麻烦。心中有了勤奋的愿力，就能忍人所不能忍，行人所不能行。如此，道行会越来越深，净土才会离我们越来越近。

有一个青年人非常醉心于佛像的雕塑，但由于缺乏专家的指导，所雕塑出来的佛像总不尽如人意，因此专程到寺庙里拜访师父，希望能得到相关的知识与技巧。

每天年轻人到了寺里，师父便会放一块宝石在他手中，要他捏紧，然后天南地北地跟他闲聊，除了雕刻方面的事外，其他一切都谈，约一个小时后，师父就会拿回宝石，然后要他继续用功修持。

就这样连续过了三个月，既未谈到雕刻的技术，甚至都未谈到为什么放一块宝石在他手中，终于，年轻人不耐烦了，但又不敢询问法师。一天，师父仍照往常一样，又拿一块"宝石"放在他手里，准备谈天。

年轻人一接触那块宝石，便觉得不对劲，立刻脱口而出说道："师父！您今天给我的，不是宝石。"

法师问道："那是什么呢？"

年轻人看也不看，就说道："那只是一块普通的石块而已。"

法师欣悦地笑着说："对了，雕刻是要靠心手一致的功夫，现在你的第一课算是及格了。"

世间一般人学习技能，总希望速成，甚至学佛的人，也希望当生成就，立地成佛，孰不知"不经一番寒彻骨，焉得梅花扑鼻香？""罗马不是一天造成的，千年古松不是一日长大的。""只要功夫深，铁杵磨成针。"悟，虽只一刻，但要能历经长期的修持，修道者要能经得起时间的考验，凡事耐烦，这才是学者应修的第一课。

谚语说:"黄金随着潮水流来,你也应该早早把它捞起来。"世间没有不劳而获的成就,万丈高楼平地起,万里路程一步始,生死烦恼,别人不能代替分毫,一切都要靠自己。

净土要有信、愿、行三资粮才能达到。所以,有勤奋的愿力,加上虔诚的信仰与实践,必定能实现我们的净土。

八、智慧灵巧是我们的净土

实现净土,要有智慧与灵巧。能用智慧、灵巧来生活,地狱都是净土;没有智慧灵巧,容易让人牵着鼻子走,东风吹西边倒,西风吹东边倒。有这么一段趣事:

甲乙两座禅寺,都由禅师住持。两寺禅师经常训练门徒的禅锋机语,两寺每日均各指派他们寺中的沙弥前往市场买菜。

甲乙两寺的沙弥,有一天在路上相遇,甲寺沙弥问乙寺沙弥:"请问你到哪里去?"

乙寺沙弥回答:"风吹到哪里,我就到哪里。"

甲寺沙弥想不到乙寺沙弥这么回答,一时不知怎么说下去才好。等回到寺里,沙弥将情况禀告师父,师责备道:"傻瓜!你可再问,假如没有风时,你要到哪里去呢?"

甲寺沙弥记着师父的指示。第二天相遇的途中,甲寺沙弥胸有成竹地问乙寺沙弥:"喂!你今天到哪里去?"

乙寺沙弥非常从容地答道:"腿要走到哪里,我就到哪里去!"

甲寺沙弥因为答案出乎意外,一时语塞。回到寺里,告诉师父,师父更加责备:"你真傻,你可以继续问,假使腿不走时,你要到哪儿去呢?"

甲寺沙弥用心记住师父的指示，又一日，途中再度相遇，甲寺沙弥问乙寺沙弥道："喂！你今天要往哪里去？"

乙寺沙弥用手往前面一指，回答道："我到市场买菜去！"

乙寺沙弥揭出底牌，甲寺沙弥不知话语如何为续。

从甲乙两寺的沙弥可以看出禅的风姿，甲寺沙弥虽然善良有礼，但缺少禅的机辩，反观乙寺沙弥随口说来，话既幽默有趣，言又禅味风生。

所以禅不能拘泥执着，禅慧思捷智，在任何时间、任何地方，信手拈来，总会皆成妙谛。智慧、灵巧是我们心中的净土，也是无价之宝，是任何人也偷不去的。

如果大家都能从心理上自我健全，自我清净，自我反省，自我进步，从而扩及家庭、社区、国家，那么整个世界就是佛光普照的人间净土。

1985 年 5 月讲于高雄中正文化中心

净土思想与现代生活（三）

如何健全人生净土？
实践眼耳鼻舌的净土。
实践行住坐卧的净土。
实践人际间的和谐净土。
实践居家环境的净土。
实践思想见解上的净土。
实践心田识海的净土。

"一花一世界，一叶一如来"，每一尊佛都有每一尊佛的净土，释迦牟尼佛以三劫修福慧、百劫修相好来完成他的净土。阿弥陀佛以四十八大愿，去实践他的极乐净土。东方药师佛以他的十二大愿，来实践东方琉璃净土。一切诸佛如来及圣贤，都以他们的慈悲愿力，来完成他们的净土。那么，我们要如何完成自己的净土呢？

一、如何建立人生净土

1. 实践眼耳鼻舌的净土：当我们的眼睛看到世间种种不惯的事情时，就想到"眼不见为净"，但实际上心里却无法清净。我们不是聋子，对于刺耳之音、逆耳之言，不得不听。所以实践人生净土，首先要把眼、耳、鼻、舌的净土庄严起来，经常以慈悲的眼睛视众生，与人关注、给人温馨、对人瞻仰。常说良言美语使人欢喜，说帮

184

助慰勉的话，说有建设性的话，说鼓励赞美的话。时常面带微笑，流露慈悲，布施祥和。如此，人人皆具慈悲的眼睛，温暖的微笑，以及良言美语，就是人生的净土。佛教有四句偈说：

面上无瞋是供养，口里无瞋出妙香；

心上无瞋无价宝，不断不灭是真常。

2. 实践行住坐卧的净土：如果我们的行人车辆，都能遵守交通规则，不争先恐后，不违规犯法，一切都守秩序，此即行的净土。日常生活里，能够做到举止安详、进退有礼，一切落落大方，就是行、住、坐、卧的净土。佛教讲四威仪，所谓"行如风，立如松，坐如钟，卧如弓"，如能持恒实践，则行住坐卧，举手投足，处处都是净土。

有一初学青年请教赵州禅师道："我是刚入门的求道者，诚恳地请求老师给予一些特别地指教。"

赵州禅师道："你吃过早饭没有？"

"谢谢，用过了。"

"那么，去把自己的碗筷洗干净吧！"

"洗干净了。"

"请将地清扫一下吧！"

初学青年终于非常不满意地道："难道洗碗扫地以外，老师就没有别的禅法教我吗？"

赵州禅师也很不客气地说道："我不知道除洗碗扫地以外，还有什么禅法？"

禅，离开不了生活，穿衣吃饭是禅，搬柴运水也是禅，一个人不把生活照顾好，禅安住在什么地方呢？

碗不洗，地不扫，生活问题都解决不了，生死怎么能解脱呢？

有诗云：

> 粥罢令教洗钵盂，豁然心地自相符；
>
> 而今参饱丛林客，且道其间有悟无。

3. 实践人际间的和谐净土：人与人之间的不愉快、不融洽、有误解、有怨隙，都是由于彼此之间有着一道无形的鸿沟及高墙，使人际关系日渐疏离隔阂。人与人之间必须加强沟通、交流，增进谅解、同情、友爱、互助。彼此交往，要开诚布公，礼尚往来，常以幽默做润滑剂、开心果，才能化解紧张误会，增进团结合作。如此，净土即在人我之间。

松云禅师出家学禅后，因为挂念年老的母亲无人照顾，就自己建了一座禅舍，带着母亲同住。松云禅师每天除了参禅打坐以外，就是帮人抄写佛经，赚些生活费用。有时上街为母亲买些鱼肉，街上人总指着他说："你们看那个酒肉和尚！"

松云禅师不去解释，因为他不介意别人的闲言碎语，但他母亲放不下别人的批评，因此也跟着出家食素。

一天，有一位美丽的小姐在路上遇到他，为其庄严的仪表所感动，请他到家中说法，松云禅师没有推辞，以为说法是好事，但事后别人传言，说有人亲眼见到松云禅师到妓院去嫖娼。

乡人捣毁他的禅舍，赶他离开。松云禅师不得已，只好把母亲托人代养，自己出外云游参访。事经年余，母亲因思儿成病，未几病重过世，乡人不知松云禅师何去，只得草草收殓，等松云禅师回来再奉行安葬。

不久，松云禅师回来，在母亲灵柩前站了许久，然后用手杖敲打棺木说道："慈爱的母亲！孩儿回来了！"

说完，他又学母亲的口气道："松云！看你完成禅道回来，母亲很高兴！"

"是的！母亲！"松云又自语道："孩儿以此禅道，回向您上生佛国，不要再来人间受苦受气，我也和您一样高兴！"

松云禅师说后，接着对众人道："丧礼已毕，可以安葬！"这一年母亲 68 岁，松云禅师 30 岁。

松云禅师 56 岁的时候预知时至，他召集弟子辞别，并在母亲遗像前上香，写下一首偈语："人间逆旅，五十六年；雨过天青，一轮月圆。"写后，安详而逝。

世间，只要有人的地方，就有是非与好坏，就有光明与黑暗，说好的未必好，说坏的未必坏。松云禅师的冤屈，助长他的禅道；母亲的病逝，回报她的佛国安养。只要有禅，有净土，就没有悲苦，就没有怨恨。

一个人内心没有净土，很容易为外物所牵，被外境所转。喜怒哀乐，都受别人控制，自己不能做主。这种没有定见，不能自我肯定的人生，必然是非常痛苦的。

"小姐，你的衣服好漂亮噢！"她听了就高兴。其实衣服漂亮与人的容貌气质又有多少关系呢？所以对别人语言上的赞美或批评，要能淡然处之。

人生在世，为了生活不得不工作，工作中难免有委屈与艰难困苦之处，但大多数人都嫌别人不好：警察不好，多管闲事；老师不好，没有认真教学；学生不好，不肯用功读书；领导不好，不照顾下属；职员不好，不认真办公……世界上的好人，究竟都到哪里去了？

只要对别人的指摘转化为对自我的检讨，一切从要求自己做起，我们的人际关系就会马上改观，而觉得人人皆有他的特长，个个都有善良的一面。这样一想，就能主动负责，甚至公而忘私，舍己为群，把公家或老板与自己视为一体，如此工作才会有兴趣、有成就。

过去，我们到公家机关办个手续，常因为办事员的磨难，再三往返奔波，办一次手续往往费时好几天，甚至好几个礼拜。台湾《青年守则》里第十条是："助人为快乐之本"，但是有些人没有这个观念，反而以"折磨人为快乐之本"，表示他有权力可以摆布别人。这种想法不是愚痴，就是病态。

统一企业公司故董事长吴修齐曾说："事业若要成功其实很简单，当初我也只是一个小职员，看到乡下人来办事，发现他们不认识字，不会填表格，我就主动去帮他们填写。我一直给人方便，与人结缘，在工作上认真努力，大概就是我事业成功的原因吧。"

日本禅学大师铃木大拙临终时，亲戚、朋友、学生来探望他，他说了一句非常有名的话："谢谢你们。"说完眼睛一闭就往生了。他真是一个伟大的人物，不管在什么时候，甚至到临终的最后一刻，对人间还是如此的关怀，如此的亲切，如此的友爱，如此的有礼。

4. 实践居家环境的净土：居家要宁静整洁，环境卫生美化，才是生活的净土。阿弥陀佛的极乐净土，除了庄严自己心理的净土，还有四色莲花、七重罗网、七重行树、八功德水等环境的庄严、美化。有白鹤、孔雀、鹦鹉、舍利、迦陵频伽、共命之鸟出和雅音以音乐来改变人的气质。极乐世界也是黄金铺地，并以七宝装饰楼阁。可以说阿弥陀佛不但是个伟大的工程师，也是最优秀的环保局长。

为了真正提高我们的生活品质，不能光从物质上比高下，应该从精神上来分优劣。看谁的家庭最慈悲高雅，谁的家居环境最美好、最清洁，谁的家庭最有道德、情操和文化素质。

5. 实践思想见解上的净土：在见解上有见解上的烦恼、愚痴，思想上有思想上的烦恼、愚痴，要建立净土，净化思想与见解是非常重要的。

要实践思想与见解上的净土，必须做到以下四点：

一肯回头：佛教讲回头是岸，回头就是我们思想、见解上的净土。

南泉普愿禅师有一次在打坐时，突然大吼一声，把侍者吓了一跳，赶紧走到南泉禅师的身旁，南泉禅师说："你去涅槃堂看看，是不是有人逝世了？"

侍者走到半路上，碰巧遇到涅槃堂的堂主，于是相偕一同去报告南泉禅师："刚才有一位云水参学的禅僧圆寂了。"侍者和堂主话刚说完，却见一知客僧匆匆地跑来，向南泉禅师道："刚才圆寂的禅僧又复活了。"

南泉禅师问道："那位逝世的禅僧既已活转过来，现在怎么样啦？"

知客僧道："他很想见见老师，但那是一个不知修福，不肯结缘的人。"

于是南泉禅师就到涅槃堂见生病的禅僧，并问道："方才你到哪里去？"

病僧回答道："我到阴间去了！"

南泉禅师道："阴间的情形如何？"

病僧道："我大约走了一百里路的时候，就手脚疼痛得走不动，尤其是喉咙干渴得很，忽然有人要把我叫进大楼台阁中，因我实在很累，很想进去休息，才一上楼便见一位老僧，对我怒吼，不许我上去，吓得我抽身就往后倒下，所以现在才能再见到老师。"

南泉禅师申斥说："那是一所多么富丽堂皇的大楼阁呀！但没有积聚福德，怎能进去？假如你不是遇见老僧，恐怕早已钻进地狱受苦了。"

"浪子回头金不换"，从此以后这位病僧便日夜不停地积德修福，活到 70 多岁才安然坐化，人们便称他为"南泉道者"。

二要换心：换心是我们的净土。只要自己换一换心，当下就是净土。有人离婚，换个丈夫，或换个太太；有人换朋友、换环境、换职业。换来换去，不一定更好，而且很伤感情。只须换心，把厌烦心换成欢喜心，动摇心换成信仰心，那么夫妻永远是夫妻，朋友永远是朋友。所谓："心中无事一床宽，眼内有沙三界窄"，只要我们心好，看一切都好，父母疼爱，子女孝顺，朋友护持，你感到人好，自然就会待人好；你感到事好，就会得心应手！

一个人不能光是要求世间好、环境好、朋友好，要先求自己好。要能从心好起，才能感受到世界一切都美好。

三要转身：转身是我们的净土。做人处事能转身，肯转身，多留一点空间，保留一点余地，大家都会感到轻松愉快，彼此都有好处，这就是净土。

有一个学僧到法堂请示禅师道："禅师！我常常打坐，时时念经、早起早睡、心无杂念，自忖在您座下没有一个人比我更用功了，为什么就是无法开悟？"

禅师拿了一个葫芦、一把粗盐，交给学僧说道："你去将葫芦装满水，再把盐倒进去，使它立刻溶化，你就会开悟了！"

学僧依样葫芦，遵示照办，过不多久，跑回来说道："葫芦口太小，我把盐块装进去，它不化；伸进筷子，又搅不动，我还是无法开悟。"

禅师拿起葫芦倒掉了一些水，只摇几下，盐块就融化了，禅师慈祥地说道："一天到晚用功，不留一些平常心，就如同装满水的葫芦，摇不动，搅不得，如何化盐，又如何开悟？"

学僧："难道不用功可以开悟吗？"

禅师："修行如弹琴，弦太紧会断，弦太松弹不出声音，中道平常心才是悟道之本。"

世间事，不是一味执着就能进步的，读死书而不活用，不能获益。留一点空间，给自己转身；余一些时间，给自己思考，不急不缓，不紧不松，那就是入道之门了。而做人处事也是一样道理，话不可说绝，事不可做绝，人际之间要留给彼此一些转身的空间。

四要改性：改性是我们的净土。改自己的缺点、恶习、性格、方法，以求进步。别人不改我改，社会不变我变，这是大智大勇，也就是我们的净土。

世间一般人都希望我好你不好，只追求自己的快乐，置他人的痛苦于不顾，所以纷争不断。如果我们能秉持另一种观念，你好他也好，让我来承担不好的，譬如我们经常在人前承认自己的错误，并且改进自己的态度，凡事过错在我，那么种种纷争就能消弭于无形。

只要我们能回头、换心、改性、转身，那我们的思想见解，当下就是净土。凡事往好处想，愈大愈好，愈多愈好，好就是我们的净土。

五是实践心田识海的净土：拔除我们心田里的杂草，让功德的禾苗生长茁壮，并把八识的身心放大至广大无边。

如果去掉我们自私的心，就能庄严心田识海的净土。

有一位女居士，请了一尊美丽庄严的白瓷观世音圣像，她把这尊观音像送到佛殿里开光。她烧香祭拜时，发现缭绕的香烟随风飘到别的菩萨面前，她的观世音却闻不到，于是，她用铁丝把香绑在菩萨的鼻子上，如此菩萨就可以闻到香了。但是这尊庄严的观音菩萨，一下子就变成了黑鼻子观音了。

有些人拿水果、饼干到寺庙里去祭拜，看到佛前已经有供物，便把别人的东西挪到旁边，而将自己的供品放在中间。我们必须去掉这种只顾自己不顾别人的自私心，所谓化自私而公正，化黑暗而光明，化污秽而清净，化狭小之心而予以扩大，这样的心田识海就是净土。

二、如何认识人间的阿弥陀佛

阿弥陀佛不一定只在西方净土，人间就有阿弥陀佛。阿弥陀佛这四个字，虽是佛的名号，同时也是一个真理。阿弥陀佛是梵语，中国话译为"无量光、无量寿"。无量光是光明普遍一切空间，超越空间不受空间的限制；无量寿是无限的时间，超越时间不受时间的限制。什么东西能超越时间和空间？就是宇宙的真理，就是阿弥陀佛。

宇宙间一切的语言加起来，都没有"阿弥陀佛"这句话好，也没有这句话的通行无碍。不管是不是佛教徒，都知道"阿弥陀佛"这句话；不管有没有信仰，到了生病、灾难、痛苦的时候，许多人自然而然地会念"阿弥陀佛！阿弥陀佛！"

不管认识不认识，见面时说一声："阿弥陀佛！"表示问好。分手时说："阿弥陀佛！"表示再见。看到别人不小心摔了一跤，赶紧说："阿弥陀佛！"表示同情和关心。这一句"阿弥陀佛"是从内心里流露出来，对宇宙世间的一种亲切悲悯。

三、如何获得阿弥陀佛的灵应

慧远大师曾三次见过阿弥陀佛。善导大师虔念"阿弥陀佛"，后每念一句"阿弥陀佛"，就从口中射出一道光明，所以大家称他为"光明和尚"。永明大师每念一句"阿弥陀佛"，十里之内都可以听到。少康大师每念一句"阿弥陀佛"，口里就出现一尊阿弥陀佛，念十句就有十尊阿弥陀佛，念百句就有百尊阿弥陀佛，念千句就有千尊阿弥陀佛。这些都是一心称念阿弥陀佛圣号的感应。

阿弥陀佛虽在极乐世界，但也化身在此娑婆世界。过去，在佛光山嘉义圆福寺，有一位住持喜欢养狗、养鸟，所养的几只九官鸟，都会念"阿弥陀佛"。1985 年，打佛七的第二天，有一只鸟死了。在第五天做三时系念时，点了很多的蜡烛，于诵经中，每支蜡烛的火焰都大放光明，而且形同鸟的姿态，大家惊讶不已，怎么每支蜡烛的火光都像鸟的样子呢？后来，用照相机摄影留念，并把此事记载于佛光出版社出版的《佛光山灵异录》中。

如果阿弥陀佛不在人间，怎么会有这么多奇异的灵异事迹呢？当然，因念"阿弥陀佛"而往生西方极乐净土的人就更多了。

四、如何念佛才能往生西方极乐世界

在《华严经·入法界品》里，德云比丘为善财童子介绍了 21 种念佛三昧，由此可知念佛法门的深广。此外，历代祖师也多有提倡，如华严宗澄观大师的"五门念佛"、天台宗智者大师的"五方便念佛"。其后华严宗五祖宗密大师，更根据二师之说，将念佛方法分为持名、观像、观想、实相四种念佛。在这四种念佛法门中，又以"称名念佛"最受推崇，以下加以详细介绍：

（一）四种念佛

1. 称名念佛，即《阿弥陀经》所说的持名念佛。心系一佛，专心称念名号，念念相续。

2. 观像念佛，对佛的塑画等像，谛观分明。如《思维要略法》云："人之自信，无过于眼，当观好像，便如真佛无异。先从肉髻、眉间白毫，下至于足，从足复至肉髻。如是相相谛取。"

3. 观想念佛，这是以前面的观像念佛为基础，内心观想佛相好光明的一种念佛方法。首先以双眼谛观佛像的一相至多相，留下深刻印象后，再到静处闭目忆念观想。

《坐禅三昧经》云："还至静处，心眼观佛，令意不转，系念在像，不令他念。若心中观想佛像不明，则须再以眼取佛相好。"另外，在《观佛三昧海经》也提到：如是心住、出定、入定，恒见诸佛悉在目前；开目、闭目，处处无非极乐。

4. 实相念佛，也就是观想自身及一切万法的真实自性，是无形无相，犹如虚空，而心及众生本来平等。《文殊般若经》："不生、不灭、不来、不去，非名、非相，是名为佛。如自观身实相，观佛亦然。"《华严经》也说："一切诸佛，唯是一法身。念一佛时，即一切佛。"

以上四种念佛法门，持名最浅易，实相念佛则是深法。两千年来，持名念佛在祖师大德们积极地提倡下，已成为最普遍而深入民间的修行方法。

(二) 持名念佛法

历代以来，对于持名念佛也有各种不同的方法。

1. 明持：出声称念如来名号。念佛时，如果昏昏欲睡，或妄想散乱，则应该勇猛提起精神，高声唱念，把全身的精力声音都贯注在一句佛号上，则能对治昏沉，驱除妄想，恢复正念。古人说："大声念佛就见大佛，小声念佛就见小佛。"这是提倡此念佛法的方便说。净土宗六祖永明延寿大师在杭州南屏山顶念佛时，山下行人听到他的声音如天乐鸣空，高朗嘹亮，六祖所用的就是高声念佛法。此外，金山活佛，夜里常到山顶上，大声唱诵"谁念南无阿弥陀佛"，声音悲切凄凉，听闻者，无不被他的念佛声所感动。

2. 默持：如果高声唱念佛太久，觉得耗气费力，则可改用默念，也就是唇动不出声，但阿弥陀佛圣号在心中仍是清清楚楚，明明白白。由于清楚明白，所以心不散乱，正念分明。这种默念法，可于卧时、睡时、工作时、沐浴时、开会时、参加典礼时等情况下诵持。一个人临命终时，四大分离，六根销融，只剩下心识而已，这时候平时的默持念佛功夫，就有很大的帮助。

3. 半明半默持：高声念佛觉得费力，默念又容易昏沉，因此取其中道，念佛绵绵密密，声在唇齿之间。行者一边念，一边听，不论四字或六字念，但能听得字字分明，须句句出口入耳，声声唤醒自心。

4. 观想念：这是持名念佛与观想念佛的综合，也就是在持名念佛的同时，也观想佛身相好庄严，卓立我前，或以手摩我顶，或以衣覆我体；或观想极乐世界金地宝池、楼阁宝树等。平时极乐依正已历历存于心中，一旦身衰体谢，心中念佛的同时，极乐胜景便了然于心。

5. 追顶念：将字与字及句与句之间，连缀得极为紧密，使一字追一字，一句顶一句，声声追顶，中间不留间隙，无稍休息，努力直前，即名追顶念。

6. 礼拜念：即边念佛，边礼佛。或先念一句，后拜一下；或不论句数多少，但边念边拜，边拜边念，念拜并行，身口合一，所谓"念佛一声，福增无量；礼佛一拜，罪灭河沙"。此外，宋明以来盛行的大悲忏、梁皇忏，过年礼千佛等各种忏法，也采用此"持名礼拜"念佛法。

7. 记十念：念佛号时，以念珠记数，每念十句佛号，拨一粒念珠，这种方法对治杂念极为有效。

8. 十口气念：这是以追顶念佛法，追顶念去，不论佛号多寡，总以尽一口气为度；待到出气已促绝，需再吸进一口气，方能再续念，名为一口气。如是十次，名为十口气。大约念完十口气，只需 5 分钟左右。这是专为工作忙碌的人特设的方便法门。

此法根据《无量寿经》第十八愿"十方众生，欲生我国，乃至十念，若不生者，不取正觉"的愿文而设。佛愿深广，而净土一法普被三根，所以虽仅十念，临终之时，佛必来迎。清末民初印光大师极力提倡此法，以作为方便接引众生学佛的简易法门。

（三）以不同心境来念佛

1. 用欢欢喜喜的心来念佛：念佛时的心，好像在唱歌、跳舞一般高兴欢喜。

2. 用悲悲哀哀的心来念佛：好像内心十分感伤难过，而又无处诉说，只有向阿弥陀佛来诉说一样。

3. 用实实在在的心来念佛：朝朝共佛起，夜夜抱佛眠，每句阿弥陀佛念得实实在在，耳朵听得清清楚楚，心里想得明明白白；每念一句就彷佛有一尊佛在眼前。

4. 用空空虚虚的心来念佛：念得手也空、脚也空，念得我也空、你也空、天也空、地也空，念得不知身在何处，心田识海无限地扩大，使心和宇宙合而为一。

在物质充斥，生活繁忙的今日社会里，人人应该修持念佛法门，让心灵有一片静谧的园地。念佛法门，不会妨碍工作的进行，不受时空的限制，任何时候，任何地点，都可以修持，是各种修行法门之中，最方便的一个法门。

我们要把一切的音声，都变成念"阿弥陀佛"的音声，无论是在汽车或火车上，每一根电线杆都是我的念珠，每一块田地就是我的念珠；每一棵树也是我的念珠，每一个人也是我的念珠，把宇宙间的事事物物，都念成"阿弥陀佛"，把法界所有一切，都念成阿弥陀佛的极乐世界。

1986 年 5 月讲于高雄中正文化中心